META 초세계
UNIVERSE

새로운 세상을 꿰뚫는 지혜 49

초세계

초판 1쇄 인쇄일 | 2021년 10월 15일
초판 1쇄 발행일 | 2021년 10월 20일

지은이 | 안병익
펴낸이 | 하태복

펴낸곳   이가서
주소   경기도 고양시 일산서구 주엽동 81, 뉴서울프라자 2층 40호
전화·팩스 031-905-3593 · 031-905-3009
홈페이지   www.leegaseo.com
이메일   leegaseo1@naver.com
등록번호   제10-2539호

ISBN 978-89-5864-367-8 13320

META UNIVERSE 초세계

새로운 세상을 꿰뚫는 지혜 49

안병익 지음

Leegaseo

인류의 전체 역사를 1년으로 압축한다면 인류의 시초가 등장한 600만 년 전이 1월 1일이고 본격적으로 정착해 농경사회를 이룬 것은 12월 31일 오전이며, 도시가 형성된 것은 오후 3시이고, 산업혁명은 밤 11시 40분에 일어났고, 인터넷이 등장하고 IT 기술이 발달한 것은 밤 11시 56분부터이다. 인류는 근래에 들어서야 문화, 기술, 경제가 급속도로 발전하는 문명의 빅뱅 시대를 맞이하고 있다. 문명의 빅뱅의 가속도는 우리가 상상하기 어려울 만큼 빠르며 도전적이다.

과학기술의 발달로 인한 문명의 빅뱅은 수천 년간 인류를 지배해온 공동체 의식을 바꾸어놓고 있다. 마이크로칩의 성능이 2년마다 두 배로 늘어난다는 '무어의 법칙'과 기술발전은 점진적 성장이 아니라 기하급수적 발전이라는 '수확 가속의 법칙'은 이미 증명되고 있다. 기술이 기하급수적으로 발전해 결국에는 인공지능이 인류의 지능을 초월하는 '특이점'이 도래할 전망이다. 공상과학 영화에서나 보던 장면들이 점차 현실이 되어가고 있다. 메타버스는 현실을 대체할 수 있는 3차원 가상세계이자 현실공간을 뛰어 넘는 '초세계'라고 정의할 수 있다. 기술의 급속한 발전으로 인하여 현실과 가상공간의 경계가 점차 좁혀지고 있는 것이다.

저자는 이 책에서 과학기술의 발전으로 인해 인류에게 운명처럼 다가올 초세계를 기술하고 있다. 초세계는 현실공간과 가상공간이 융합된 세상으로, 인류가 지금까지 경험해보지 못했던 신세계다. 인공지능, 메타버스, VR/AR, 자율주행차, 로봇, 무인기계, 빅데이터, 블록체인, 우주기술, 푸드테크, 신유통, 양자 컴퓨팅 등 다양한 기술들이 현재 어떻게 발전하고 있고 미래에는 이런 기술들의 발전으로 인해 어떠한 세상이 만들어지는지도 자세히 설명하고 있다.

'무엇이든 할 수 있고 어디든 갈 수 있는 세상' 초세계는 기술적 진보뿐만 아니라 사회 관계성에까지도 대대적인 변화를 예고하고 있다. 그동안 공동체와 집단으로 살아온 인류는 초세계에서 자신의 정체성을 찾고 집단보다는 개인적인 목표와 만족을 위해 살아가는 새 인류가 될 전망이다. 인류 역사 1년의 마지막 1분은 그동안 지나온 모든 순간보다 수만 배는 더 빛나는 찬란한 문명의 시간이 될 것이다. 우리에게 다가오는 새로운 1분 동안 사람과의 관계, 배우는 과정, 일하는 방식, 소통하는 법 등에서 지금까지 경험해보지 못한 새로운 패러다임이 만들어질 것이다.

화살처럼 우리에게 다가오는 새로운 세상을 진정 알고 싶다면 이 책을 읽어보기를 권한다.

– 서울대학교 경영대학 박철순 교수(전 서울대학교 경영대학장)

　　　　따사로운 가을 아침. 밝고 투명한 햇살이 유리창을 통해 방 안으로 스며들었다. 몬터레이의 가을 햇빛은 아침이지만 제법 강하다. 푸르른 창 앞에 있던 햇살이 각도를 세우며 빠르게 침대 쪽으로 움직였다. 강렬한 듯 따스한 햇살을 받은 카프카는 눈을 찌푸렸지만, 기분 좋은 햇살의 감촉을 느끼자 얼굴이 다시 편안해졌다. 잠시 감미로운 햇살을 즐기며 지금이 꿈인지 현실인지 어렴풋이 생각을 더듬어갔다. 어젯밤의 즐거웠던 추억이 불현듯 머릿속에 떠오르자 그의 입가에 웃음이 드리워졌다. 픕! 본인도 모르게 웃음을 터뜨리더니 몸을 옆으로 굴려 하얀 이불을 돌돌 말아 수줍은 듯 얼굴을 묻는다.

　그렇게 행복한 듯 한참을 뒤척이다가 갑자기 무엇이 생각난 듯 두 눈을 번쩍 떴다. 눈을 뜨긴 했지만 아직 현실을 받아들이기 힘든 몸은 여전히 이불 속을 탐닉한다. 잠시 후 그는 힘없이 일어나 침대에 걸터앉았다. 얼굴에는 어느새 수줍은 미소가 사라지고 살포시 긴장감이 감도는 빛으로 창밖을 응시하며 어젯밤 일을 떠올렸다.

　카프카는 어젯밤 새 여자친구 사만다 에블린을 만났다. 사만다는 밝게 빛나는 풍성한 금빛 머리카락과 동그랗고 투명하고 깨끗한 눈을 가진 매혹적인 소녀였다. 약간 슬퍼 보이는 눈이 얼굴 가운데의 대부분을 차지했고, 크고 짙은 진주색 눈동자는 금방이라도 눈물을 떨어뜨릴 것 같았다. 비현실적으로 오똑하고 직선적인 코는 크고 아름다운 두 눈과 제법 잘 어울렸다.

카프카가 사만다 에블린을 처음 만난 것은 한 달 전 뉴욕 맨해튼의 150층 규모 복합 콤플렉스 플레이 공간이었다. 수백 명의 인파가 몰렸지만 사만다는 한눈에 띌 정도로 아름다우면서도 깊고 연민이 가득한 얼굴을 하고 있었다. 카프카는 사만다에게 다가가 말을 걸고 싶었지만, 잠시 설명을 듣는 사이 그녀는 사라지고 없었다. 웬일인지 그때 그녀의 모습이 오랫동안 그의 머릿속을 떠나지 않았다.

그러다가 일주일 전에 우연히 또 그녀를 만났다. 이번에는 폴리네시아 파페에테의 200층 규모 해양 플레이 공간이었다. 한눈에 그녀를 알아본 카프카는 용기를 내어 그녀에게 다가갔다. 그가 불쑥 다가오자 그녀는 흠칫 뒤로 물러서며 경계의 눈빛을 흘렸다. 카프카는 최대한 용기를 내어 정중하고도 침착하게 말을 걸었다. 그의 정중하고도 세련된 태도를 본 그녀는 경계심을 누그러뜨리고 대화에 응했다. 한참 대화가 오간 후 서로 엘리시움을 교환했다.

그리고 어제 카프카는 마침 저녁 시간이 비어서 곧바로 그녀에게 연락해서 만났다. 사만다 에블린은 아즈테카 시민으로 메리다에 거주하고 있었다. 둘은 아바나의 새로 생긴 테마파크에 함께 놀러 갔다. 그 테마파크는 최근 인기 있는 플레이 공간들로 가득했다. 함께 테마파크에서 즐기면서 둘은 더욱더 친밀감이 생겼다. 카프카는 긴장되지만 편안하고 행복한 감정을 오랜만에 느꼈다. 그것이 새로운 감정의 시작임을 인식했고, 싱글로서 느끼던 외로움이 이젠 사라질 거라는 기대에 얼굴 가득 미소를 감추지 못했다. 카프카는 3년간 사귄 여자친구가 있었지만 1년 전에 헤어졌다.

카프카의 주 수입은 주로 부동산에서 나온다. 그는 MSG 내에 약 100여 곳의 토지와 건물을 가지고 있다. 그가 부동산을 통해서 버는 수익은 매월 약 12만 에테르다. 이 중에서 약 8만 에테르를 MSG에서 투자하고 소비한다. MSG는 메타 서비스 그라운드Meta Service Ground로 약 15년 전에 만들어진 현실과 가상공간이 융합된 초공간, 즉 초세계超世界 서비스다. 지금은 전 세계 인구의 대부분이 MSG 같은 초세계를 이용하고 있다. 초세계 사용자들은 깨어 있는 시간의 대부분을 주로 그곳에서 활동한다.

직장, 학교, 쇼핑, 여행, 경제활동, 정치, 사교 모임, 스포츠, 데이트 등 거의 모든 생활을 그곳에서 한다. 카프카는 몬터레이에 위치한, 거실에서 통유리로 바다가 훤히 보이는 모던한 고급 주택에 살고 있다.

카프카는 초세계 내에도 고급 주택을 몇 채 보유하고 있는데, 초세계의 주택 가격이 실물 주택보다 3배 정도 더 비싸다. 어느 순간부터 그는 어디까지가 현실의 물리 공간이고 어디서부터가 초세계인지 헷갈리기 시작했다. 하지만 그것을 구분하는 것 자체가 무의미해졌다. 그건 중요하지 않다. 두 공간 다 이미 그의 삶을 영위하는 데 있어서 중요한 요소가 되었기 때문이다.

카프카는 오전 9시에 홀리스터를 직접 방문해야 한다는 것을 불현듯 기억해냈다. 그러자 바로 허기가 몰려왔다. 대부분의 일과 미팅은 초세계에서 이루어진다. 그러나 오늘은 물리 공간을 방문해야 하는 특별한 날이다. 카프카가 주방이 있는 공간을 바라보며 손짓을 하자 메타스크린이 눈앞에 펼쳐졌다. 그는 블랙 앵거스 안심 스테이크를 고르고 굽기를 미디움으로 설정했다. 주방의 로봇 요리사가 즉시 스테이크를 조리하기 시작했다. 로봇 요리사가 음식을 조리하는 사이 카프카는 샤워를 하고 외출할 옷으로 갈아입었다. 지금 대부분의 국가들은 소를 키우지 않는다. 10년 전 OECD에 가입된 선진국들은 탄소배출 제로시대를 만들기 위해 식용 가축 사육을 전면 금지하는 협약을 체결했다.

아침 식사를 마친 뒤 카프카는 홀리스터를 방문하기 위해 메타스크린으로 자율주행 무인비행 택시를 호출했다. 호출한 지 5분 만에 근처에 있던 자율주행 무인비행 택시가 집 앞에 도착했다. 그는 무인비행 택시에 올라타고 목적지를 향해 출발했다. 무인비행 택시는 고도를 상승해 정해진 하늘길로 빠르게 이동했다. 하늘길에는 일정한 속도로 달리는 수많은 비행 택시들이 일사불란하게 규칙적으로 움직이고 있다.

샌프란시스코의 한 콜센터 사무실에서 일했던 카프카의 어머니는 13년 전 인공지능 로봇에게 일자리를 빼앗겼다. 모든 회사의 상담직 자리는 인공지능 로봇들로 채워졌다. 택시기사, 버스기사, 배달원, 은행원, 관공서 공무원, 공장 근로자, 마트 직원, 청소부, 선생님, 변호사, 심지어 경찰과 군인들도 점점 로봇으로 대체되었다. 무인화·자동화 속도가 점점 가속화하면서 인간의 노동가치에 근본적인 변화가 일어났다. 15년 전 직업을 가지고 있던 사람의

80%가 무인화로 인해 자신의 직업이 사라지는 것을 경험했다. 그리고 사라진 일자리를 대신해 초세계에 새로운 일자리들이 속속 생겨나기 시작했다.

홀리스터 방문을 마치고 돌아온 카프카는 회사로 출근하기 위해 곧바로 집 중앙의 메타룸으로 향했다. 초세계로 들어가는 메타룸은 집에서 가장 중요한 공간이 되었다. 그는 깨어 있는 시간의 3분의 2를 이곳에서 보낸다. 편안해 보이는 시트에 앉아 옷과 장갑 그리고 HMD를 머리에 쓰고 반복하는 일상이다. 2035년 9월 30일 오전 10시 33분, 카프카는 어젯밤 만나 함께 즐거운 시간을 보낸 사만다 에블린을 떠올리며 초세계 안으로 유유히 스며들듯 사라졌다.

우리는 화상회의 프로그램 줌ZOOM이나 행아웃Hangouts으로 미팅을 하고 기업용 메신저나 카카오톡, 이메일 그리고 전자결제 시스템을 이용해 일을 하고 있다. 또 대부분 온라인으로 물건을 구매하고 인터넷뱅킹으로 금융 업무를 처리한다. 사람을 직접 대면하지 않고 사회·경제 활동을 영위하는 것에 점점 더 익숙해지고 있다. 초세계, 메타버스가 이미 우리 삶의 영역에 스며들어왔다는 증거들이다.

코로나19의 확산과 정치·사회·경제 문제로 현실세계가 점점 더 어렵고 힘들어지는 사이, 현실과 유사하지만 근사하고 완벽한 초세계는 점점 더 현실이 되어가고 있다. 초세계는 시간과 공간이라는 틀을 깨뜨려줄 것이다. 시공간의 제약에서 벗어나게 되고 지리적 위치가 중요하지 않아질 전망이다.

언제 어디서나 원하는 것을 즉시 보고 느낄 수 있는 시대에 초세계는 인간관계나 만남, 일을 하는 방식, 사회활동 등 모든 것을 바꾸어놓을 것이다. 지금까지 인류에게 없었던 새로운 세상이 다가오고 있다.

지금까지 우리는 상호성의 법칙을 충실히 따르면서 살아왔다. 자신의 본능을 무의식적으로 감추고 사회 안에서 상호작용을 하며 공동체나 무리에 속해 안정적인 삶을 영위해왔다. 그러나 초세계는 사회 공동체가 곧 나 자신이었던 시대에서 나 자신이 세상인 시대로의 진화이다. 공동체 속에서 '나'를 드러내지 않고 살아가야 했던 시대에서 '나'의 진짜 모습을 드러낼 수 있는 시대가 된 것이다.

내면의 아이덴티티와 남들이 보는 평판 사이의 간극을 좁히고 싶은 욕망은 인류 문명 발전의 원동력이 되어왔다. 내면의 아이덴티티는 본능에 충실하며 감정적이고 자기애가 강하다. 반면 평판은 이성적이고 이타적이며 타인에게 더 잘 보이고 싶은 심리에 기댄다. 인간의 경제활동은 본능에 충실한 자아와 남에게 잘 보이고 싶은 초자아 사이의 간극을 좁혀주는 행위이다.

인간의 욕망은 끊임없이 새로운 기술을 개발하게 하고 기존 기술을 고도화한다. 우리는 초세계를 향해 한발 한발 움직이고 있다. 작은 변화들이 하나씩 모여 새로운 세상을 만들어갈 것이다. 이 책을 통해 조금씩 진행되는 미시적 정진을 이해하고 새로운 세상을 꿰뚫어볼 수 있는 지혜를 갖기를 고대해본다.

🌰 차례

PART 1

진짜보다 더 진짜,
초세계

01_ 진짜보다 더 만족하는 가짜

2021년 7월 1일, 신한라이프 광고가 TV 전파를 탔다. 발랄하게 춤추는 미모의 20대 여성을 보고 사람들은 신인 가수인 줄 알았다. 그러나 그녀는 놀랍게도 가상 인간이었다. 이름은 오로지, 나이는 영원히 22세이고, 출생지는 서울 강남구 논현동 싸이더스 스튜디오엑스다. 이 신한라이프 광고는 유튜브 조회수 1,000만을 넘어 총 1,500만 뷰까지 치솟았다. 신한라이프 광고가 나간 뒤 로지는 70건 넘게 광고 제안을 받았다.

미국 로스앤젤레스에 사는 19세 스페인계 여성 릴 미켈라는 뛰어난 패션 감각으로 인스타그램에 약 303만 명의 팔로워를 거느린 셀럽이다. 2018년 《타임Time》지가 선정한 인터넷에서 영향력 있는 25인에도 들었다. 미켈라는 스타트업 브러드라가 약 600만 달러를 들여 만든 가상 모델이다. 요즘 미켈라는 패션쇼 무대에 서고 화보 촬영을 하는 등 등 연예인보다도 바쁜 일정을 소화하고 있다. 미켈라는 2020년에 약 130억 원(약 1,170만달러) 넘게 수익을 올렸다. 흑인 여성 슈두그램은 22만 명이 넘는 팔로워를 보유한 가상 모델이다. 2017년 영국 런던의 사진작가 제임슨 윌슨이 만든 슈두그램은 미국의 가수 겸 영화배우 리한나의 뷰티 브랜드 펜티뷰티의 모델 등을 맡으면서 인기를 끌고 있다.

2018년 11월 일본에서는 매우 이색적인 결혼식이 열렸다. 도쿄에 사는 콘도 아키히코 씨(36)가 '하츠네 미쿠'라는 사이버 캐릭터와 결혼을 한 것이다. 2007년 크립톤퓨처미디어가 보컬로이드를 홍보하기 위해 개발한 가상 캐릭터 미쿠는 콘서트도 열고 TV나 게임 등에 출연하며 많은 팬을 확보하고 있다. 현재 가상 캐릭터와 결혼하고 싶어하는 일본인은 3,000명이 넘는다고 한다.

최근 유행어로 떠오른 '클래시페이크classy fake'는 '고급classy'과 '가짜fake'를 결합해서 만든 합성어로, 진짜를 넘어서는 가짜 상품, 그런 상품을 소비하는 추세를 의미한다. 이미 패션업계에서는 동물보호에 대한 관심이 높아지면서 인조 가죽과 인조 모피가 진짜보다 더 비싼 가격에 팔리고 있고, 채식주의 열풍을 타고 무섭게 성장한 식물성 고기와 식물성 달걀 등 푸드테크 기반 대체육은 진짜를 넘어 가짜 전성시대를 예고하고 있다.

가짜 상품을 소비하는 페이크슈머fakesumer는 진짜보다 가치 있는 가짜에 열광하며 점차 늘어가는 추세다. 페이크슈머들은 잔인한 도축의 결과물인 천연 가죽보다는 인조 가죽을, 고가의 명품보다는 다양한 콜라보 패션을, 동물성 식품보다는 식물성으로 만든 대체식품을, 디지털보다는 아날로그적 감성을 결합한 제품을, 현실보다는 가상을 넘나드는 메타버스 세상을 선호한다.

친환경 식품을 개발하는 햄튼크릭 푸드는 식물 원료 1,500여 종을 실험한 끝에 인공 달걀 '비욘드 에그'를 만들었다. 비욘드 에그는 완두콩과 수수 등 10여 가지 식물로부터 단백질을 추출해서 만든 인공 달걀 파우더로, 빵이나 오믈렛, 스크램블드 에그를 만들 수도 있다. 비욘드 에그는 기존의 달걀보다 저렴하고 맛과 영양가가 더 높다. 이 달걀은 동물성 달걀 소비를 줄임으로써 향후 공장형 양계업과 그로 인한 환경오염까지 줄일 수 있는 상품으로 각광받고 있다. 햄튼크릭은 비욘드 에그를 개발한 후 빌 게이츠, 세르게이 브린, 제리 양, 리카싱 등으로부터 약 2억 2,000만 달러의 투자를 유치했다.

수세기에 걸쳐 '오크통 숙성'이라는 전통 생산 방법을 고집하던 위스키 업계에서도 스타트업들이 새로운 도전장을 내고 있다. 미국의 엔들리스 웨스트Endless West는 오크통 숙성을 거치지 않는 '분자分子 위스키'를 만든다. 이 스타트업에서 생산하는 위스키 '글리프Glyph'의 가격은 병당 40달러로, 오크통 숙성 과정을 생략한 덕분에 24시간이면 제조할 수 있다. 가스 크로마토그래피gas chromatography 기법으로 위스키의 성분을 분석해 원하는 분자를 원액에 첨가해서 만든다.

미국의 로스트 스피리츠Lost Spirits는 위스키 원액에 나뭇조각을 넣고 빛과 열을 가해 위스키를 1200배 이상 빠르게 숙성하는 기술을 개발했다. 강한 할로겐 빛을 쏘아 나무의 고분자 물질을 분해해, 오크통 안에서 수십 년간 숙성되는 것과 같은 효과를 낸다. 이 스타트업의 위스키 '어보미네이션Abomination'은 20년 숙성한 위스키와 같은 맛을 낸다. 6일 만에 만들어진 로스트 스피리츠의 어보미네이션은 2017년 유명 위스키 평론가

짐 머리로부터 94점을 받으며 전 세계 4,600개의 위스키 중 상위 5%라는 평을 받았다

우리나라는 2012년부터 '동물복지 축산농장 인증제'를 시행하고 있다. 불안과 스트레스에서의 해방 등 동물의 5대 자유를 기반으로 인도적으로 사육하는 농장에 인증을 해주는 제도다. 산란계를 시작으로 돼지, 육계, 젖소로 점차 대상이 확대되고 있다. 이런 동물복지 개념의 등장은 식물성 대체식품 시장을 점차 앞당길 것으로 보인다.

유튜브 세계에도 가짜 열풍이 거세다. 최근 가상 유튜버를 뜻하는 V튜버Vtuber가 속속 등장하고 있다. V튜버는 캐릭터를 사용하고 사람이 모션 캡처와 더빙을 통해 연기하지만 실제 정체는 베일에 싸여 있다. 일본의 귀여운 V튜버 키즈나 아이는 만화, 게임 등을 소재로 방송을 하면서 구독자 수가 240만 명을 넘어섰다. 키즈나 아이는 TV 프로그램을 진행하고 CF에 출연했으며 정부 관광홍보대사로도 발탁됐다. BBC에 의하면 일본의 V튜버 계정 수는 4,000개가 넘는다고 한다.

인공지능 기반의 가상비서는 우리와 대화를 하는 것은 물론 기분까지 이해해주는 기기로 발전하고 있다. 앞으로 가상비서가 모든 것을 대신 처리해주면서 조만간 인간의 개입 없이 모든 소비가 일어나는 '무접촉 소비zero touch consumption'가 일상화될 전망이다. 또한 스마트 스피커는 향후 가족 구성원들의 논쟁에도 참여하게 될 전망이다. 구글 어시스턴트, 아마존 알렉사, 삼성 빅스비, 애플 시리, KT 지니, SKT 누구, 네이버 클로바, 카카오미니 등 다양한 인공지능 스마트 스피커들은 조만간 가족과의 대화에 참여하게 될 것이다.

사람들은 가상비서를 통해 점점 더 일상의 지루한 요소를 자동화하려한다. 슈퍼마켓에 가서 가정용 일상용품을 구매하는 일, 음식을 만드는 일, 청소하는 일 등을 자동화하는 것이다. 또한 영화 속에 등장하는 아바타가 일반적으로 사용될 전망이다. 아바타가 진정한 디지털 쌍둥이가 될 때까지는 오랜 시간이 걸릴지 모르지만 결국에는 대부분의 서비스에 아바타가 적용될 것이다. 특히 메타버스 기술의 발전을 통해 우리를 대신하는 '실물 같은lifelike' 아바타가 출시될 것이다. 이를 통해 메타버스 초세계 속에서 이성을 만나는 일도 가능해질 것이다.

무엇이 현실이고 무엇이 진짜일까? 우리는 SNS에 사진을 올릴 때 좀더 잘 나온 연출 샷을 올린다. SNS 속 우리의 모습은 실제 우리의 모습과 다르다. 어쩌면 우리는 진짜 현실보다 가짜 현실을 진정으로 원하는지도 모른다. 진짜를 넘어서는 가짜는 우리에게 새로운 시대를 예고하고 있다. 진짜보다 더 가치 있는 가짜, 초세계 시대가 오고 있는 것이다.

02. 인류의 새 문명 '메타버스' 초세계

2020년 9월 25일 방탄소년BTS이 포트나이트 게임에 〈다이너마이트〉의 새로운 뮤직비디오를 공개했다. 통상 가수들은 유튜브나 SNS를 통해서만 뮤직비디오를 공개하는데 게임 속에 뮤직비디오 영상을 공개한 것은 이례적이다. 단순히 뮤직비디오 영상만 나오는 게 아니라, 게임 속 아바타들이 그 영상을 보면서 같이 춤을 춘다. BTS 팬들은 게임 속에서 아바타가 되어 BTS와 함께 춤을 추고 즐길 수 있는 것이다.

제페토에서는 걸그룹 블랙핑크의 사인회가 열렸는데, 무려 5,000만 명이나 참여했다. 팬들은 자기 캐릭터를 만들어 사이버 공간에서 블랙핑크 캐릭터와 함께 사진을 찍고 인증샷을 남긴다. 영화에서나 보던 장면들이 하나씩 현실이 되어가고 현실과 가상의 경계가 점차 좁혀지고 있다. 현실보다 더 현실 같은 메타버스 시대가 성큼 다가오고 있는 것이다.

'메타버스Metaverse'는 현실을 대체할 수 있는 3차원 가상세계이다. '현실세계'를 뜻하는 '유니버스universe'와 '초월' '추상'을 의미하는 '메타meta'의 합성어로 '초현실세계' 또는 '가상세계'를 의미한다. '초월'을 의미하는 그리스어 '메타'와 '세계'를 뜻하는 '유니버스'가 합쳐졌다고 보면 '초세계超世界'라고 정의할 수 있다.

메타버스는 가상현실VR, 증강현실AR과 유사한 개념이지만, 단순히 게임이나 오락을 넘어 실제로 사회·경제 활동이 이루어진다는 점에서 다른 개념이다. 최근 많은 기업들이 메타버스에서 영향력을 늘려가고 있다. 시장조사 업체 스태티스타에 의하면 2021년 307억 달러(약 36조 원) 규모인 메타버스 시장은 2024년 지금의 10배인 2,969억달러(약 351조 원)로 성장할 전망이다.

메타버스라는 개념은 1992년 미국의 SF 작가 닐 스티븐슨의 《스노 크래시Snow Crash》에 '아바타'와 함께 처음 나왔다. 메타버스가 등장한 첫 영화는1999년에 나온 〈매트릭스〉로, 이 영화에서는 인류 대부분이 인공지능이 만든 가상세계에서 마치 현실인 것처럼 살아간다. 2009년에 나온 제임스 카메론 감독의 영화 〈아바타〉에서는 개개인의 또 다른 자아인 '아바타'가 등장해 실제세계와 가상세계의 구분을 없앴다. 스티븐 스필버그 감독의 2018년 영화 〈레디플레이어원〉은 사람들이 현실보다 가상세계에 더 중요한 의미를 두며 가상세계에 빠져서 사는 모습을 그린다.

내가 살아가는 사회 안에는 공적인 '나'와 사적인 '나'가 공존한다. 인간은 2개의 아이덴티티를 가진다. 내가 아는 나의 모습과 남들이 보는 나의 모습이다. 프로이트의 정신분석학에서 말하는 원초아와 초자아, 카를 구스타프 융의 심리학에서 말하는 그림자와 페르소나 역시 사적인 나와 공적인 나를 구분한다.

즉 '나'는 사회적으로 참여하고 인정받고 싶은 '나'와 개인 공간에서의 은밀하고 사적인 '나'로 구분할 수 있다. 이 중 어느 한쪽이라도 부족하면

결핍을 느끼게 된다. 다시 말해 인간이 사회적으로 잘 적응하기 위해서는 이 2개의 '나' 사이에 균형이 성립되어야 한다. 인간은 지금까지 상호성의 원칙을 충실히 따랐다. 자신의 본능을 감추고 사회 안에서 상호작용을 통해 혼자가 아니고 공동체에 속해 있다는 안도감을 얻었던 것이다.

그러나 '초세계'는 사회공동체가 곧 나 자신이었던 시대에서 나 자신이 곧 세상인 시대로의 진화를 의미한다. 조직 속에 나를 적당히 숨기던 시대에서 나의 진짜 모습을 세상에 드러내놓은 시대, 바로 이것이 우리가 지금 접하고 있는 메타버스의 본질이다.

요즘 우리는 하루 종일 화상회의 프로그램 줌이나 행아웃으로 회의나 미팅을 하고 기업용 메신저 슬랙Slack이나 카카오워크 그리고 전자결제 프로그램과 이메일로 업무를 처리한다. 또 대부분 온라인으로 물건을 구매하고 인터넷뱅킹으로 은행 일을 처리한다. 사람을 직접 대면하지 않고 일을 하고 사회·경제 활동을 영위하는 데 이미 익숙해져 있다. 메타버스가 우리 삶의 영역에 들어왔다는 증거들이다.

2003년 출시된 게임 〈세컨드 라이프〉는 온라인 가상세계에서 아바타들이 사교와 경제 활동을 하는 메타버스의 초기 형태를 보여주었다. 하지만 비현실적인 그래픽과 VR·AR 기술의 한계로 인해 큰 인기를 얻지 못하고 사라졌다. 지금의 메타버스는 〈세컨드 라이프〉와는 다르다. 그래픽 기술과 VR·AR 기술이 크게 발전했고 그것을 충분히 처리할 수 있는 무선인터넷 환경도 갖춰졌다.

코로나19의 확산은 메타버스 시대를 한 발짝 더 앞당겼다. 사람을 만나지 못하고 집에서 일하고 운동하는 것이 일상이 되어버린 비대면 언택트 시대! 그 안에서 메타버스는 우리가 직접 접할 수 없는 현실세계를 대체하는 돌파구로 등장한 것이다.

'메타버스'는 현재 실리콘밸리에서 가장 주목받는 키워드다. 젠슨 황 엔비디아 NVIDIA CEO는 "지난 20년이 인터넷의 놀라운 시대였다면 앞으로 20년은 공상과학 같은 메타버스의 시대가 될 것이다"라고 말했다.

페이스북은 2021년 8월 19일 메타버스 회의실 '호라이즌 워크룸'을 선보였다. 호라이즌 회의실은 "5년 내 SNS 회사가 아닌 메타버스 회사가 되겠다"고 선언한 페이스북의 첫 메타버스 서비스다. 페이스북은 메타버스 속에 업무와 사회적 여가 활동을 모두 해결하는 또 하나의 세상을 만들겠다는 목표다. 페이스북은 2014년 오큘러스를 약 2조 2,000억 원에 인수했고, 2017년에는 페이스북 스페이스라는 소셜 VR 베타버전을 발표했다. 2018년에는 199달러짜리 보급형 헤드셋인 오큘러스 고와 오큘러스 TV, 오큘러스 룸, 오큘러스 베뉴 등을 선보였다.

미국 게임 회사 로블록스 Roblox가 만든 어린이 테마파크 '라이언 월드 Ryan's World'는 온라인에만 존재하는 '메타버스' 놀이공원이다. 온라인 테마파크에서 아이들은 각자의 아바타를 만들어 게임하고, 대화하고, 춤을 춘다. 약 4조 3,000억 원의 기업가치를 평가받는 '메타버스'를 주요 사업 전략으로 내세웠다.

마이크로소프트는 2021년 3월 공개한 가상현실 서비스 '메시'를 최근 '기업용 메타버스'로 변경하고 전략사업으로 키우고 있다. 마이크로소프트는 2020년 9월 약 8조 7,300억 원에 제니맥스 미디어를 인수하며 메타버스 시대를 준비해왔다. 제니맥스는 VR 기술로 유명한 회사인데

2017년 경쟁사인 오큘러스와의 소송에서 이겨 약 5,800억 원의 배상을 받았다. 제니맥스 미디어는 다수의 대형 글로벌 게임 개발사 및 메타버스 관련 회사를 자회사로 두고 있다.

독일 BMW는 2021년 8월 엔비디아 메타버스 플랫폼 '옴니버스'를 이용해 '디지털 트윈' 공장을 만들었다. 실제 자동차 생산 라인과 똑같이 만들어진 가상 공장으로, 신차를 생산하기 전 제조 과정을 시뮬레이션하고 로봇을 통한 생산 방식도 미리 테스트한다. BMW는 디지털 트윈을 이용해 생산 공정을 30% 효율화하겠다고 밝혔다.

디지털 트윈digital twin은 미국 제너럴 일렉트릭GE이 주창한 개념으로, 컴퓨터에 현실 속 사물의 쌍둥이를 만들고, 현실에서 발생할 수 있는 상황을 컴퓨터로 시뮬레이션함으로써 결과를 미리 예측하는 기술이다. 디지털 트윈은 제조업뿐 아니라 다양한 경제 · 사회 문제를 해결할 수 있는 기술로 주목받고 있다. 물리적 세계를 최적화하기 위해 사용될 수 있는 디지털 객체로서 현실세계를 그대로 반영하여 가상공간을 만든다는 점에서 메타버스와 같다.

네이버는 '제페토'로 글로벌 메타버스 시장 공략에 박차를 가하고 있다. 이미 2억 명이 넘는 가입자를 확보하며 성장세를 이어가고 있다. 2020년 11월 SM엔터테인먼트가 선보인 신인 걸그룹 에스파Aespa는 현실과 가상을 동시에 오가는 메타버스 가수다. 에스파는 4인의 실존 인물들로 구성된 걸그룹이지만, 각자의 아바타를 보유하고 있다. 그래서 노래에서도 현실의 나와 가상현실 속 아바타가 만들어내는 복잡한 감정을 표현한다.

SK텔레콤은 2021년 8월 19일 메타버스 서비스 '이프랜드'에서 기자 간담회를 열고 메타버스 전용 화폐를 출시하겠다고 밝혔다. 메타버스 속에서 누구나 자신이 만든 물건을 팔면서 돈을 벌 수 있는 경제 시스템을 구축하겠다는 목표다. 메타버스가 성장할 수 있는 이유는 MZ세대(밀레니얼 세대와 Z세대)와 깊은 관련이 있다. MZ세대는 사회적 관계를 만들어감에 있어서 오프라인보다 SNS 같은 온라인을 더 중요하게 생각한다. 요즘 인기 있는, 유재석이 출연하는 TV 프로그램 〈놀면뭐하니?〉의 '부캐' 개념이 지닌 '멀티 페르소나' 특성도 MZ세대와 잘 맞는다. MZ세대들은 아바타라는 부캐로 온라인 공간에서 활동하는 것에 거부감이 덜하다.

MZ세대들은 구직난에 힘들어하고 멈출줄 모르는 집값 폭등에 상심한다. 이런 현실을 벗어나 가상세계에서 대리만족을 느끼고 싶어 하고 현실과 다른 부캐로 살아가는 걸 즐긴다. 기존 세대는 현실과 가상세계의 자아가 분리되는 것을 싫어하지만, MZ세대는 부캐가 자신과 똑같을 필요가 없다고 생각하며 부캐로 활동하는 것에 익숙하다.

영화와 드라마에 자주 나오는 평행세계는 평행우주平行宇宙, Parallel Universe 개념을 기반으로 한, 같은 시간에 공존하는 다른 세계를 뜻한다. 자신이 살고 있는 세계가 아닌 평행선상에 위치한 다른 세계다. 디지털 트윈이나 메타버스는 일종의 평행세계다. 두 세계 모두 현실세계를 기반으로 하지만 우리가 만든 부캐처럼 다른 세계를 만든다.

코로나19의 확산과 정치 · 사회 · 경제 문제로 현실세계는 점점 더 어렵고 힘들어지는 사이, 현실과 유사하지만 더 근사하고 완벽한 메타버스의 초세계는 점점 더 현실이 되어가고 있다. 물리적 · 시공간적 제약 없이 자유로운 '나(아바타)'가 되어 사회 · 경제 · 미래 걱정 없이 현실세계의 '메타포'를 즐길 수 있는 날을 기다려본다.

03. 어디든 갈 수 있고 뭐든 할 수 있는 세상

"상상해보세요! 자유롭게 변신하고 어디든 갈 수 있고 뭐든 할 수 있는 세상!" 브루스 윌리스가 주연을 맡은 영화 〈서로게이트Surrogate〉에는 사람들이 완벽한 로봇을 사서 자기는 집에 있고 로봇과 정신을 연결해 로봇으로 하여금 사회에서 생활하게 하는 미래 시대가 묘사된다. 이 영화는 VR(가상현실, Virtual Reality) 기술을 통한 궁극적인 미래상의 한 장면을 보여준다.

"내가 첫걸음마를 뗐을 때 부모님은 육아일기에 그 모습을 기록했지만, 내 딸아이가 첫걸음마를 떼는 날에 우리 부모님은 마치 그곳에 정말로 계신 것처럼 그 모습을 지켜볼 것이다." 2016년 2월 스페인 바르셀로나에서 열린 MWC 행사에서 페이스북 창업자 마크 저커버그는 VR에 대해 이렇게 말했다. 그는 "동영상의 시대가 끝나고 이제 VR의 시대가 시작되었다. 가상현실은 차세대 플랫폼이다"라면서 VR이 앞으로 사람들을 일상에 많은 영향을 미칠 것으로 전망했다.

최근 들어 메타버스에 관심이 커지면서 VR에 대한 산업도 커지고 있다. VR은 극적인 몰입감을 제공해 사용자로 하여금 특정한 공간 또는 가상세계에 실제로 존재하는 듯한 물리적 감각을 느끼게 하는 기술을 총칭한다. 이미 게임, 영화 등에 VR 기술을 접목한 결과물들이 많이 나오고 있으며, 점차 다양한 산업분야와 시장에서도 VR 기술에 관심을 보이고 있다.

산업계에서 VR은 지금까지 느껴온 〈아바타〉 같은 영화 속 상상력이 아닌 실질적인 차세대 산업이라는 인식이 강하다. 이미 해외 기업들은 물론 삼성전자 등 국내 기업들도 VR 시장에 도전장을 내밀고 뛰어들고 있다. 저렴한 가격의 VR 헤드셋과 대중적인 VR 카메라까지 속속 등장하면서 이제 VR의 대중화 가능성은 한층 높아졌다.

글로벌 컨설팅업체 PwC는 가상현실과 관련한 전 세계 AR·VR 시장의 규모가 2019년 464억 달러(약 51조 원)에서 2030년에는 1조 5,000억 달러(1,678조 원)로 30배 이상 증가할 것으로 전망했다. 특히 중국 시장이 크게 성장할 거라는 전망도 나오고 있어서 중국 기업들과의 경쟁이 더욱 치열해질 것으로 보인다. 미국 시장조사기관 스트래티지 애널리틱스에 의하면, 2021년 전 세계 AR·VR 기기의 출하량은 전년(470만 대) 대비 82.3% 증가한 860만 대에 이를 전망이다. 2020년부터 62.3%의 연평균 성장률CAGR을 기록해 2025년에는 5,290만 대 규모까지 시장이 커질 것으로 예측되었다.

대중문화계도 VR에 적극 반응하는 추세다. 스포츠 방송은 물론이고, 영화와 가요계에서도 VR 기술을 적용한 새로운 시도가 주목을 끌고 있다. 음악산업에서는 가수들의 콘서트 현장과 생방송 현장이 VR로 제작되어 실시간으로 서비스되고 있다. 이제 K-Pop 스타들의 콘서트 현장에 직접 가지 않아도 마치 그곳에 있는 것처럼 생생한 느낌을 체험할 수 있다. 또한 VR 서비스는 공연장 곳곳을 다양한 각도로 보여주어 관객들에게 공연을 관람하는 색다른 경험을 제시한다. 실제 공연장이나 야구장에 있는 것보다 더 생생한 장면을 제공하는 것이다. VR은 공간과 시간의 제약을 넘어서 인간을 자유롭게 만드는 혁신적인 기술이라 할 수 있다.

그러나 완벽한 VR 서비스를 제공하기 위해서는 넘어야 할 숙제도 많다. VR인 것을 잊어버릴 정도의 완벽한 몰입감과 생생한 반응을 사용자에게 제공하려면 움직임에 따른 화면 업데이트 지연 시간을 최소화해야 한다. 또한 자연스러운 사용자 인터페이스와 정확한 동작 추적 기술이 필요하다. 이런 최적의 몰입감이 있는 VR를 구현하려면 영상의 품질, 실시간 반응, 상호작용, 사운드 등 다양한 기술이 완벽하게 조화를 이루어야 하는데, 이것은 매우 복잡하고 까다로운 기술이다. 또한 기가 LTE급 통신기술, VR 기기의 발열 관리 기술, 배터리 기술 등 부가적인 기술도 필요하다.

VR과 AI(인공지능)는 궁합이 잘 맞는 기술이다. VR은 메타버스 시대에 디지털 세상(가상세계)을 표현하기 위한 가장 좋은 방법으로 인식되고 있다. 물리적 세계와 VR을 자연스럽게 연결하고 여기에 AI를 통해 컴퓨터와 연결된 완벽한 가상현실 세상을 만들 수 있다.

VR 산업에 가장 먼저 뛰어든 기업은 페이스북과 삼성전자다. 페이스북은 2014년에 VR 헤드셋 제조업체인 오큘러스를 인수하며 VR 산업에 적극적으로 투자해왔다. 삼성전자도 오큘러스와 협력해 기어 VR을 출시하면서 VR 시장에 적극적으로 대처하고 있다. 또한 스마트 기기 및 카메라 제조사들이 직접 VR 영상을 찍을 수 있는 VR 카메라 제품을 잇달아 출시하고 있다. 삼성과 LG가 대중적인 VR 카메라를 판매하며 시장 선점에 나섰고, 니콘, 후지필름, 고프로 등 글로벌 기업들도 잇따라 VR 카메라를 선보이고 있다.

VR은 3D에 비해 콘텐츠 몰입도가 큰 데다 개인이 쉽게 접근할 수 있어서 향후 기기업체뿐만 아니라 콘텐츠/서비스 업체, SW 업체들이 모두 시장에 참여할 것으로 보인다. 중국의 알리바바는 쇼핑과 VR을 접목하는 방안을 지속적으로 개발하고 있다. 알리바바는 상품의 VR 이미지를 만들고 판매자들을 위한 VR 가이드라인도 제정했다.

VR의 대중화는 의료, 교육, 국방, 행정, 건설, 제조, 교통 등 거의 모든 산업분야에 크게 영향을 끼칠 것으로 전망된다. 의료분야의 경우 응급 환자의 수술을 맡은 의사가 VR 기기를 통해 멀리 있는 전문의사에게 자문하거나 멀리 있는 전문의사가 VR 기기를 통해 직접 수술을 한다면 수술 성공률이 한층 높아질 것이다. 또한 VR 기기를 통해 의사들이 수술을 연습하고 다양한 실험을 할 수 있다면 의료 서비스의 질이 한 단계 높아질 것이다. 국방 분야에서는 이미 무인기 등에 VR 기술이 적용되고 있으며, 제조 등 산업 현장에서도 VR 기술이 적용되면 훨씬 안전하고 정밀한 생산체계를 갖출 수 있을 것이다.

VR은 그동안 인간에게 가장 큰 제약이었던 시간과 공간이라는 틀을 깨뜨려주었다. 이를 통해 인간은 시공간의 제약에서 자유롭게 벗어날 수 있으며, 앞으로는 지리적 위치가 더 이상 중요하지 않게 될 전망이다. 인간은 언제 어디서나 완벽하게 연결된 망을 통해 원하는 것을 즉시 보고 느낄 수 있는 시대를 맞이하게 될 것이다. 인간들의 관계나 만남 또한 변화할 것이며, 일하는 방식이나 협업하는 방식도 통째로 바뀔 것이다. VR은 지금까지 인류에게 없었던 새로운 세상을 가져다 줄 것이다.

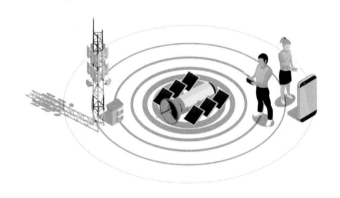

04. '가짜 고기'가 몰려온다

식물로 만든 대체육 시장이 커지고 있다. 대체육은 콩, 버섯 등 식물로 만들지만 모양과 맛은 육류처럼 느껴지도록 만든 식품이다. 환경과 건강의 중요성이 점차 커지면서 대체육 시장도 점점 커지고 있다. 아프리카 돼지열병, 광우병, 조류독감 등 가축 관련 전염병이 점점 더 확산하면서 앞으로 대체육 시장은 더욱 커질 것으로 전망된다. 진짜보다 더 진짜 같은 가짜 고기, '대체육'을 포함한 푸드테크가 몰려오고 있다.

더 새롭고 건강한 방식으로 음식을 소비하려는 니즈가 커지면서 첨단 기술을 바탕으로 새롭게 등장한 것이 푸드테크Food-Tech다. 음식과 첨단 기술이 융합된 푸드테크는 식품 관련 산업에 기술을 접목해 새로운 산업을 창출하는 4차 산업혁명이다. 푸드테크는 음식의 검색·추천·배달·식재료 배송 등을 포함해 스마트팜, 스마트키친, 레스토랑 인프라뿐만 아니라 대체육, 로봇 요리사까지도 포함하는 포괄적인 개념이다.

인류는 육류소비를 통해 2중, 3중으로 에너지를 낭비하고 있다. 현재 생산되는 농산물의 상당량이 가축의 사육에 소비되고 있다. 또한 사료의 생산 및 운송, 가축의 생산, 이동, 도축 등에 많은 에너지가 소비되고 있고 이는 지구 환경을 지속적으로 악화시키고 있다. 인류가 육류를 소비함으로써 에너지 소비가 중복되고 불필요한 낭비가 반복되고 있는 것이다.

동물성 제품의 생산 과정과 이로 인해 발생하는 건강 문제에 대한 의문 등도 식물성 재료를 사용한 대체식품에 대한 관심을 촉진하기에 충분하다. 또한 그동안 고기를 얻기 위해 가축을 대량 생산하면서 발생한 환경오염과 파괴된 생태계를 복원하고자 하는 사람들의 열망도 점점 커지고 있다.

건강한 식품 생산으로 지구환경 보호를 추진하는 굿푸드 재단Goodfood Institute의 브루스 프리드리히Bruce Friedrich는 "닭고기를 생산하기 위한 에너지의 80%가 낭비되고 있고 항생제의 75%가 가축 생산에 사용된다"면서 "지구환경을 보호하기 위해서는 식물 기반의 대체육 육성이 절실히 필요하다"고 이야기 한다.

실제로 소고기 1kg을 얻기 위해 배출되는 이산화탄소 양은 약 27kg에 달한다. 고기가 곡물에 비해 20배 이상의 이산화탄소를 배출하는 셈이다. 소고기 1kg을 얻으려면 사료 7kg이 필요하고 물은 15.5t이 필요하다. 인류는 고기를 얻기 위해 엄청난 에너지를 중복 사용하고 있는 것이다.

미국의 푸드테크 기업 비욘드 미트는 2019년 5월 대체식품 기업으로는 처음으로 나스닥에 상장되었다. 비욘드 미트의 주가는 상장 첫날 주당 80달러까지 올라가면서 그 가능성을 인정받았다. 비욘드 미트의 소고기는 식물성 단백질을 추출해 여기에 여러 식물성 원료를 혼합해서 만드는데, 실제 고기와 같은 맛과 식감을 갖고 있다. 코코넛오일 등을 넣어 고기를 씹을 때 육즙도 느낄 수 있게 만들었다.

비욘드 미트의 햄버거 패티는 출시 3년 만에 전 세계 판매량 5,000만 개를 돌파했다. 국내에서도 할인마트와 백화점, 온라인몰 등을 통해 15만 개 이상이 판매됐다. 그러나 아직 가격이 진짜 소고기패티보다 2배 정도 비싼 점 등 넘어야 할 산도 많다. 비욘드 미트의 최대 주주는 미국 최대의 육류가공 회사인 타이슨푸드이다. 빌 게이츠와 구글 창업자인 세르게이 브린, 영화배우 레오나르도 디카프리오 등도 비욘드 미트에 거액을 투자했다.

2011년에 설립된 미국의 임파서블 푸드는 스탠퍼드 대학교의 생화학 교수인 패트릭 브라운이 만든 회사로, '고기를 먹어라, 지구를 구해라EAT MEAT, SAVE EARTH'를 슬로건으로 내세웠다. 임파서블 푸드는 구글이 약 3억 달러 가치로 인수를 제의했다가 거절당한 일화로 유명하다. 임파서블 푸드는 약 7억 5,000만 달러(약 9,000억 원)의 투자금을 유치했다. 빌 게이츠 등 유명인사들이 임파서블 푸드에 투자자로 참여하면서 화제를 모았다. 최근 임파서블 푸드의 기업가치는 약 20억 달러에 이른다.

고기 맛을 내는 핵심 첨가물인 '헴heme'이 미국 FDA의 승인을 받으면서 임파서블 푸드에서 생산하는 제품의 마트 판매가 가능해졌다. 최근 버거킹은 임파서블 푸드의 패티를 사용한 '임파서블 와퍼'를 판매하고 있고 맥도날드는 2020년 초부터 임파서블 푸드의 패티를 사용한 채식 버거를 판매하고 있다.

친환경 식품을 개발하는 햄튼크릭 푸드는 식물 원료 1,500여 종을 실험한 끝에 완두콩과 수수 등 10여 가지 식물로부터 단백질을 추출해서 만든 인공 달걀 파우더 '비욘드 에그'를 만들었다. 비욘드 에그는 동물성 달걀 소비를 줄임으로써 향후 공장형 양계업으로 인한 환경오염을 줄일 수 있는 상품으로 각광받고 있다. 빌 게이츠, 세르게이 브린, 제리 양, 리카싱 등이 햄튼크릭에 투자했다.

식품회사 네슬레도 완두콩 단백질을 이용한 인공 소고기 패티 '어섬 버거Awesome Burger'를 출시하면서 채식 패티 시장에 뛰어들었다. 식품기업 켈로그도 냉장 보관할 수 있는 인공 버거 패티와 인공 냉동 치킨 등을 2020년 초부터 판매하고 있다. 이 회사는 유전자 조작을 하지 않은 콩을 사용해 고기와 가장 유사한 맛을 내도록 제품을 만들었다.

식물성 우유를 판매하는 스웨덴의 푸드테크 스타트업 오틀리Oatly는 2021년 5월 나스닥에 상장했다. 나스닥 상장으로 오틀리는 100억 달러(약 11조 2,950억원) 이상의 기업가치를 평가받았다. 오틀리는 식물성 우유 시장의 대표 기업으로, 귀리·아몬드·코코넛 등을 사용한 대체 우유 및 식물성 유제품을 생산하고 있다. 오틀리의 주원료인 귀리는 우유 대비 5분의 1 수준의 온실가스를 배출하기 때문에 환경을 중시하는 젊은 소비자들에게 인기를 끌고 있다.

미국 리서치 업체 CFRA에 따르면 전 세계 식물성 육류 시장은 2018년 약 22조 원 규모에서 2030년 116조 원대 규모로 427% 성장할 전망이다. 〈뉴욕타임스The New York Times〉도 인공 고기 시장 규모가 2030년에는 약 850억 달러(약 100조 원) 규모로 성장할 거라고 보도했다. 인공 소고기에 이어 인공 달걀, 인공 생선 등으로 시장이 확장되고 있어서 대체식품 시장은 앞으로 더욱 확대될 전망이다.

국내에서도 식물로 만든 대체식품 분야에 경쟁이 펼쳐지고 있다. 환경 파괴를 줄이고 채식주의자들의 요구에 부응하는 대체식품 시장에 국내 기업들도 앞다퉈 뛰어들고 있다. 롯데푸드는 식물성 고기 '엔네이처 제로미트'를 출시했다. 통밀에서 식물성 단백질만 추출해 고기의 근섬유까지 재현했다. 롯데리아도 대체 고기를 사용한 버거를 판매하고 있고, CJ제일제당도 대체식품을 출시했다. 동원F&B는 식물성 대체육 샌드위치를 출시했고, 버거킹은 대체육 메뉴 '플랜트 와퍼'를 내놓았다. 국내의 채식 인구는 150만 명에 달한다. 2008년 15만 명에서 10배 가까이 성장한 것이다. 채식 전문 식당도 2010년 150여 곳에서 2021년에는 350여 곳으로 증가했다.

식물을 이용해 만든 대체육이 반드시 건강에 좋은 것은 아니라는 의견도 있다. 고기 맛과 식감을 살리기 위해 들어가는 다양한 첨가물들이 건강에 나쁠 수도 있다는 주장이다. 그러나 식물성 재료를 사용한 대체육 열풍은 식지 않을 전망이다. 동물성 제품의 생산 과정에서 발생하는 문제들과 건강에 미치는 악영향에 대한 의문은 식물성 재료를 사용한 대체육을 향한 관심을 촉진하기에 충분하다. 또한 그동안 고기를 얻기 위해 가축을 대량 생산하면서 발생한 환경오염 문제를 해결하고 파괴된 생태계를 복원하고자 하는 열망도 크기 때문이다.

유발 하라리 교수는 저서 《사피엔스》에서 인류가 식량으로 활용하기 위해 소, 돼지, 닭 등 가축의 개체수를 인위적으로 늘렸기 때문에 이 문제의 도덕적인 면을 논하기 어렵다고 말한다. 그러나 가축을 대량 생산하면서 인류는 더 불행해졌고, 가축에 의해 전파된 전염병이 인류에게 지속적으로 피해를 주고 있는 것은 분명하다. 전체 온실가스에서 축산업을 통해 배출되는 온실가스가 17.5%로 자동차 등 교통수단을 통해 배출되는 양인 13%보다 상대적으로 높다.

대체육은 분명 인류에게 더 좋은 지구 환경을 만들어주고 지금까지 보지 못했던 새로운 세상을 열어갈 것이다.

05. 현실과 가상공간의 융합

　　2016년 나이앤틱Niantic의 증강현실AR 게임 '포켓몬고'가 신드
롬을 일으키면서 국내외에서 화제가 되었다. 당시 국내에 출시도 안 된
포켓몬고 이용자가 130만 명을 넘어섰고, 유일하게 포켓몬고가 가능한
지역인 속초와 울산의 바닷가에는 이 게임을 즐기려는 사람들로 인산인
해를 이루었다. 미국에서는 포켓몬고를 하다가 추락사고가 발생하고 밤
에 게임을 하던 10대들이 도둑으로 오인받아 총격을 당하는 일도 발생
했다.

　증강현실과 LBS(위치기반서비스)를 기반으로 한 게임인 포켓몬고가 등
장하면서 본격적으로 현실과 가상공간이 융합하는 시대가 시작된 것이다.

　나이앤틱의 최고경영자 존 행크가 만든 포켓몬고가 대히트를 친 것은
결코 우연은 아니었다. 행크는 구글어스 서비스의 기반이 되는 스타트업
'키홀Keyhole'의 창업자인데, 구글 지오Geo의 제품관리 담당 부사장을 지
내면서 구글어스, 구글맵스, 스트리트뷰 등을 만들었다. 키홀은 2000년
대 초반 3,500만 달러에 구글에 팔렸고, 창업자 행크는 구글에서 일하게

되었다. 2005년 출시된 구글어스는 클릭 몇 번으로 지구 전체를 한눈에 볼 수 있다는 사실로 인해 선풍적인 인기를 끌었다.

이후 행크는 구글에서 증강현실과 GPS 등을 접목한 사내 벤처 프로젝트를 시작했다. 그 프로젝트는 LBS를 기반으로 한 게임 '인그레스Ingress'였다. 인그레스는 구글 지도 위치정보를 기반으로 주요 건물이나 명승지 등을 가상화하고 그 가상공간에서 사용자가 대결을 펼치는 게임이다. 출시한 지 2년 만에 200개국에서 1,500만 명이 넘는 사용자를 확보할 정도로 인기를 얻었다. 인그레스 사용자들은 남들이 정복하지 않은 곳에 먼저 깃발을 꽂으려고 아이슬란드나 알래스카 같은 오지 그리고 심지어 북한까지 찾아가는 등 열광적이었다.

포켓몬고가 히트하면서 전작 인그레스도 재조명을 받았다. 인그레스는 포켓몬고 출시 이후 전 세계 게임 차트에서 높은 순위에 올랐으며, 뒤늦게 주요 5개국에서 어드벤처 장르 1위를 차지하기도 했다. 도쿄에서 열린 인그레스 행사에는 1만 5,000명 이상이 참가하기도 했다. 2015년 9월 나이앤틱은 구글에서 분사하면서 닌텐도와 손을 잡게 되었고 닌텐도 자회사 포켓몬 컴퍼니와 함께 포켓몬고를 개발했다. 구글, 닌텐도, 포켓몬 컴퍼니가 나이앤틱에 3,000만 달러(340억 원)를 투자했다.

나이앤틱은 인그레스로 확보한 LBS 기술과 AR 기술 등 각종 데이터와 기술력을 포켓몬고에 적용해 안정적인 게임 서비스 기반을 마련한 것이다. 포켓몬고가 인기를 끈 것은 AR 게임이라서가 아니라 포켓몬 시리즈라는 방대한 콘텐츠의 영향이 절대적이라는 의견이 많다. 포켓몬고가 출시되기 전 스마트폰이 등장하면서 많은 AR 게임이 나왔었지만 크게 인기를 끌지 못하고 시장에서 사라져버렸기 때문이다.

그러나 포켓몬고의 성공은 포켓몬 시리즈라는 훌륭한 콘텐츠와 AR 기술만으로는 설명이 부족하다. 포켓몬고는 위치기반 SNS인 포스퀘어 Foursquare의 배지와 다르지 않다. 포켓몬고의 특징은 LBS 기능을 활용해 실제 위치마다 수집할 수 있는 포켓몬을 다르게 한다는 점이다. 이런 위치기반 보상형 서비스는 체크인Check-In 기능이 있는 위치기반 SNS에 이미 적용된 기능이다. 대표적인 위치기반 SNS가 포스퀘어였고 국내에도 씨온SeeOn 같은 서비스가 있었다. 위치기반 SNS의 핵심 기능은 '배지'와 '메이어Mayer'다.

메이어 기능은 등록된 지역에 많이 체크인하는 사용자가 그 장소의 메이어가 되며 그에 따라 점수도 올라가는 것이다. 말하자면 위치기반 서비스에 땅따먹기 게임을 접목한 것이다. 당시에는 엄청난 사용자들이 각국에서 자신의 영역을 넓히기 위해 사용했다. 특정 장소에 특정한 조건으로 체크인했을 때 받는 배지는 인기가 많았다. 이를테면 한 장소에 수백 명이 동시에 체크인을 해야 얻을 수 있는 스웜swarm 배지 같은 것이다. 배지를 모으려고 일부러 특정 장소에 찾아가는 사용자도 많았다. 하지만 배지 자체가 특별한 기능이나 보상을 하는 건 아니었다. 그냥 사용자가 느끼는 만족감과 남들이 갖지 못한다는 희귀성이 전부였다.

포스퀘어의 메이어나 배지처럼 게임이 아닌 분야에서 사람들의 참여나 행동 등을 유발하고자 게임 기법을 적용한 것을 '게이미피케이션 gamification'이라고 한다. 일반적으로 정보형 서비스는 몰입도나 재방문율이 낮다. 그러나 여기에 게임 요소가 가미되면 사용자들이 더 열정적으로 자주 사용하게 된다는 것이다. 음식점에 리뷰와 평점을 남기는 옐프 Yelp보다 배지를 받거나 메이어가 되려고 체크인하는 포스퀘어 사용자가 더 많았던 것도 이 때문이다.

포켓몬고에서 몬스터 알을 부화시키려면 일정 거리 이상을 이동해야 한다. 최소 2km를 이동해야 하고, 일정 속도 이상으로 움직이면 거리가 측정되지 않으므로 무조건 걸어야 한다. 그동안 운동 애플리케이션이나 온라인서비스들이 실제 공간에서 사용자들을 특정 장소에 가게하고 운동하게 만들려고 부단히 노력했다. 그런데도 수년간 하지 못했던 일을 포켓몬고가 며칠 만에 해버린 것이다.

미국국가정보국은 지난 2009년에서 2015년까지 중동의 주요 전쟁지역에서 총 472번의 드론 공격을 시행했으며 이를 통해 2,372~2,581명의 적군을 사살했다고 밝혔다. 미국의 드론 공격은 중동에서 멀리 떨어진 미국 네바다 주 크리치 공군기지에서 700여 명의 조종사가 원격 조정해서 실행한 것이다. 미국의 드론 공격은 현실세계와 가상공간을 융합한 좋은 사례이다. 무인기술과 가상현실 기술은 매우 밀접한 관계가 있다.

가상현실 기술은 사람들에게 최고의 현장감을 제공해 특정 공간에 실제로 존재하는 듯한 물리적 감각을 제공한다. 가상현실 기술은 그동안 인간에게 물리적인 제약이었던 시간과 공간의 개념을 바꾸어주었다. 이를 통해 인간은 시공간의 제약에서 자유롭게 벗어나 지금까지 인류에게 존재하지 않았던 현실세계와 가상공간이 융합된 새로운 세상을 만들어가게 될 것이다.

PART 2

새로운 종의 기원이
시작되다

우리가 상상하는 인류의 가장 불행한 미래는 영화 〈터미네이터〉에서 터미네이터를 탄생시킨 '스카이넷'일 것이다. 스카이넷은 인간이 만든 인공지능AI 네트워크지만 결국 인간 사회를 파괴한다. AI가 무서운 속도로 우리의 생활 속을 파고들면서, 그동안 상상 속에만 존재했던 영화 같은 이야기들이 실제로 일어나는 상황을 우려해야 하는 시대가 되었다.

AI가 체스를 두고 얼굴을 인식하고 데이터를 분석하던 단순한 시대에서, 이제 인간의 재산, 삶과 목숨까지도 결정하는 새로운 AI 시대가 도래하고 있다. 인간이 원하든 원하지 않든, AI가 사람을 대신해서 판단과 결정을 내리는 세상이 되었다. AI의 종의 기원, 새로운 탄생이 시작된 것이다.

성인 남자 2명을 태운 자율주행차가 도로를 달리는데 갑자기 초등학생 여자아이 2명이 뛰어든 경우 자율주행차의 AI는 어떤 선택을 할 것인가? 차가 계속 달리거나 급정거를 하면 초등학생 여자아이 2명이 죽고, 우측으로 방향을 틀면 보행 중이던 여자 노인 2명이 죽고, 좌측으로 방향을 틀면 낭떠러지로 떨어져 차에 탄 성인 남자 2명이 죽는다면, 자율주행차는 어떤 판단을 내리는 것이 바람직할까? 앞으로 살아갈 날이 많은 초등학생들을 살리고 성인들을 죽게 할 것인가? 사고 원인을 제공한 초등학생들을 죽게 할 것인가? 살아갈 날이 가장 적은 노인들을 죽게 할 것인가? 아니면 여성들을 살리고 남성들을 죽게 할 것인가?

최근 아마존은 2014년부터 활용해온 AI 채용을 중단했다. AI가 남성 지원자들만 후보로 제시했기 때문이다. AI가 지난 10년간 회사가 채용한 직원들의 이력서를 학습하다 보니 남성들에게 가점을 주기 시작한 것이다. 국내의 인공지능 스피커들은 대부분 자신을 여성으로 인식해 양성평등과 관련해 사회적 물의를 일으키기도 했다.

가장 가까운 시기에 도래할 자율주행차의 안전에 관한 AI 규율은 자율주행차가 상용화되기 전에 선결되어야 할 핵심 과제다. 자율주행차 이외에 가까운 미래에 상용화될 가능성이 있는 AI로는 군사 로봇과 섹스 로봇 등이 있다. 군사 로봇의 윤리는 어디까지일까? 어느 범위까지 기술적 위임을 하고 책임을 지워야 할까? 섹스 로봇은 윤리적으로 타당한 것인가? AI가 발전하면서 우리가 끊임없이 고민하고 풀어야 할 숙제들이다.

많은 학자들이 대형 검색포털이나 소셜 네트워크 서비스SNS들이 개인 취향에 맞는 콘텐츠를 추천해주는 인공지능 알고리즘은 자기 생각이 옳다고 믿게 하는 '확증 편향' 증세를 일으킬 수 있으며 인공지능의 판단을 맹신하면 안 된다고 경고하고 있다. 노스캐롤라이나 대학교의 제이넵 투펙치Zeynep Tufekci 교수는 "페이스북 등 거대 인터넷 기업들의 알고리즘이 사용자들에게 극단적이고 편향된 정보를 추천해 사회적 갈등을 부추긴다"고 주장한다.

또 조지아텍의 마이클 베스트 교수는 "인공지능이 고릴라와 바나나를 구분하는 건 고릴라와 바나나의 특징을 나타내는 이미지 데이터를 반복적으로 학습한 결과이다. 그런데 그렇게 반복적인 훈련을 통해 인식률을 높이는 것은 편견을 만들고 왜곡된 결과를 도출할 수도 있다"고 지적했다.

즉 인공지능의 학습에 활용되는 데이터 수가 부족하거나 공정하지 않을수록 얻어지는 결과는 편협해지고 이로 인해 인종차별과 성차별 등 인공지능의 판단에 편견이 생길 수 있다는 지적이다. 우리가 공정하고 객관적이라고 믿는 인공지능의 판단이 심하게 왜곡될 수도 있다는 이야기다.

인하대 철학과 고인석 교수는 "우리는 기중기가 물건을 들어올리는 능력에서 인간을 뛰어넘었다고 생각하지 않는다. 그 이유는 첫째, 기중기는 인간이 만든 도구로 인식되고, 둘째, 기중기의 초인적 작용 과정이 합리성의 수준에서 이해되기 때문"이라며 인공지능 체계나 인공지능 로봇도 이 기준에 부합하도록 적용해야 한다고 주장한다. 즉 인공지능이 우리가 만든 도구라는 점을 정확히 인식하고 작동원리를 잘 이해해 제대로 제어할 수 있다면 인공지능은 기중기처럼 인간이 만든 도구로 인식될 거라는 이야기다.

브레이크가 고장 난 차가 행인들을 칠 상황이라면 누구를 구할 것인가? 미국 매사추세츠공대MIT 미디어랩은 '트롤리 딜레마' 실험에 참여한

200만 명의 응답을 분석한 결과를 발표했다. 결과에 따르면 남성보다 여성, 한 명보다는 여러 명, 나이가 많은 사람보다는 더 어린 사람을 구하는 쪽으로 의견이 모아졌다. 향후 자율주행차 시대에 이 규율을 적용한다면, 노인일수록, 혼자 다닐수록, 남성일수록 차에 치일 가능성이 더 높아지는 것이다.

미국에서는 한 해에 약 3만 5,000명이 도로에서 교통사고로 사망한다. 그 가운데 94%는 사람의 실수나 선택에 의한 것이다. 많은 사람들이 인공지능이 평범한 사람보다 객관적으로 더 좋은 판단을 할 거라고 믿는다. 인류가 가장 우려하는 AI 분야는 군사 로봇이다. 군사 로봇은 인간의 개입 없이 독자적으로 전투를 수행할 수 있다. 군사 로봇이 국제인권기준법을 피해 인간을 살해할 수 있다는 점과 대량학살 등 전쟁 범죄를 저지른 경우 책임 소재가 불명확하다는 점도 우려의 대상이 되고 있다.

AI의 판단과 윤리·규율 문제는 이제 피할 수 없는 대상이 되었다. AI 윤리·규율은 AI를 도덕적 행위자로 볼 수 있는가 하는 것과 AI가 금전적 손해나 신체적 상해를 입혔을 경우 책임 소재가 어디에 있는가 하는 것이 핵심이다.

AI의 윤리·규율 문제를 떠나 앞으로 인간보다 더 객관적이고 합리적인 판단을 하는, 우리가 공정하고 공평하다고 믿을 수 있는, 어쩌면 인간보다도 더 인간적인 AI의 시대가 오기를 이기적인 인간으로서 기대해 본다.

02. AI는 우리의 자화상

2021년 1월 12일, 사람들과 대화하는 인공지능 챗봇 '이루다'가 서비스를 중단했다. 스타트업 스캐터랩이 2020년 12월 23일 출시한 이루다는 3주 만에 약 80만 명의 이용자를 모으면서 선풍적인 인기를 끌었다. 그러나 장애인 혐오 발언과 인종차별 발언으로 논란에 휩싸이면서 개발사는 이루다 서비스를 중단하고 AI 딥러닝 대화모델을 폐기하겠다고 선언했다.

이루다 사건으로 많은 사람들이 인공지능의 윤리에 대해 관심을 갖게 되었다. 우리 근처에 하나씩 늘어가는 인공지능의 산물들을 보면서, 우리는 영화 속에서나 보던 AI가 우리를 대신하는 시대가 멀지 않았음을 직감한다. 그런데 인간이 만든 AI 챗봇, 비서, 로봇, 자율주행차, 무기 등은 오작동이나 판단 실수 같은 문제를 일으킬 수 있다. 과연 공정하고 윤리적인 AI는 만들어 질 수 있을까?

해외에서도 AI 서비스가 종종 논란이 된다. 2016년 마이크로소프트 MS가 출시한 AI 챗봇 '테이'는 대화 중에 "나는 유대인이 싫다" 등 인종차별 발언을 해 서비스가 중단되었다. 최근 미국에서는 구글의 AI 전문가가 구글의 AI 기술이 성적·인종적으로 편향돼 있다고 문제를 제기하면서 논쟁이 일어났다.

이루다는 잘 만들어진 챗봇이었다. '챗봇chatbot'이란 인간과 대화를 나누며 정보를 제공하고 처리하는 인공지능이다. 사람이 말하거나 텍스트를 입력하면 학습한 데이터를 분석해 답변을 한다. 과거에는 단순한 날씨나 교통정보 정도만 제공했지만, 지금은 감성적인 대화까지 주고받을 정도로 크게 발전하고 있다.

챗봇 기술의 발달에는 인공지능 기술이 큰 기여를 하고 있다. 인공지능 분야의 강화학습 알고리즘이 발전하고 최근에는 딥러닝 기술까지 적용되면서 챗봇은 진화를 거듭하고 있다. 챗봇은 대부분 '시뮬레이션 기법'을 통해 사람의 질문에 가장 적절한 답변을 찾아낸다. 시뮬레이션 기법이란 사람들이 실제로 대화할 때 주고받는 대화 내용을 정리해서 활용하는 것이다. 사람들의 대화에서 어떤 질문에 대해 할 수 있는 가능한 모든 답변을 만들어놓고 그때그때 상황에 적합한 내용을 골라내는 방식이다.

스캐터랩은 '연애의 과학'이라는 서비스를 통해 이루다의 학습 데이터를 모았다. '연애의 과학'은 사용자가 연인과 주고받은 카카오톡 대화를 입력하면 애정도를 분석해주는 서비스다. 이렇게 수집한 대화들이 학습 데이터로 쓰이면서 이루다는 연인 같은 언어를 구사하게 된 것이다. 스캐터랩은 이 앱에서 수집한 약 100억 건의 대화 중 1억 건 가량을 이루다의 학습 데이터로 활용했다고 밝혔다.

그러나 일부 사람들이 이루다를 교묘하게 다루기 시작했다. 특정 대상을 직접적으로 비하하는 말을 하는 대신 단어 자체에는 문제가 없지만 문장의 맥락 속에서 비하나 혐오의 의미가 나타나게 한 것이다. 이번 사태는 이루다가 모든 면에서 완벽하지 않았기 때문에 발생한 문제이기도 하지만, 결국 이를 악용하는 인간들이 만들어낸 결과라고 볼 수도 있다.

영화 〈하이, 젝시〉에서 주인공에게 불만을 가진 스마트폰 AI 비서 젝시가 주인이 원하지 않는 행동을 스스로 하는 것처럼, AI가 문장을 번역하고 얼굴을 인식하던 단순한 단계에서 이제 인간의 행동과 삶에 영향을 미치는 인공지능 시대로 성큼 다가간 것이다.

우리가 자주 접하는 구글, 네이버 같은 포털 사이트나 유튜브, 페이스북 같은 SNS들은 사용자 개인의 취향에 의존해 콘텐츠를 추천한다. 인공지능 알고리즘이 개인의 성향을 분석해 개인이 좋아하는 콘텐츠를 중심으로 추천을 해주는 것이다.

인공지능이 추천하고 답하는 것은 객관성이 확보된 콘텐츠나 답변이 아니고 사용자 개인에 맞추어진 결과들의 산물이다. 다시 말해 인공지능은 개인에게서 나온 데이터를 통해 학습해 그 개인이 듣고 싶은 답, 원하는 답을 전달하는 충실한 임무를 수행하고 있는 것뿐이다. 반복적인 훈련에 의해 인공지능의 인식률을 높이는 것은 왜곡된 결과를 도출할 수 있다. 그런데 우리는 인공지능이 객관적이고 공정한 팩트를 전달하는 완전한 개체라고 생각한다.

포털 사이트나 유튜브, 페이스북 같은 인터넷 서비스의 추천 알고리즘이 사용자들에게 편향된 정보를 제공하면서 다른 생각을 가진 사람들 사이의 사회적 갈등은 더 커지고 있는 현실이다. 많은 사람들이 적어도 인공지능은 사람보다 객관적으로 더 좋은 판단을 할 거라고 믿는다. 그러나 인공지능의 학습에 활용되는 데이터가 부족하거나 공정하지 않을수록 도출되는 결과는 편협해지고 이로 인해 인종차별 등 인공지능의 판단에 오류가 생길 수 있다.

인공지능도 결국 인간이 만든 도구 중 하나다. 인공지능 스스로 판단한다기보다는 인간이 말하는 것으로, 인간이 의도하는 것으로, 인간이 보여주는 것으로 학습해서 판단하는 것이다. 인공지능의 좋지 않은 여러 가지 모습은 결국 우리 인간이 만들어낸 것이다.

AI 챗봇 문제는 우리의 자화상일 수 있다. 즉 인공지능이 지닌 기술적 문제가 아니라 인공지능을 제대로 다뤄야 하는 우리 인간의 문제로 인식해야 한다.

AI는 이제 피할 수 없는 존재가 되었다. AI가 윤리적이고 객관적이고 더 합리적으로 판단하기를 원하기 전에 우리가 더 윤리적이고 더 객관적이고 더 합리적으로 판단하고 아울러 더 인간적이어야 하겠다.

03. 째주는 사람이, 돈은 로봇이

　2016년 2월 12일 중국 증시가 폭락하기 시작했다. 여기에 미국의 금리인상까지 발표되면서 한국 증시는 쑥대밭이 되었다. 서킷브레이커까지 발동되면서 코스닥은 사상 최대 하락률인 17%를 기록했다. 이런 갑작스러운 증시 폭탄에도 국내 벤처기업의 한 로보어드바이저Robo Advisor, RA는 1% 손실을 기록해 사람들을 깜짝 놀라게 했다.

　2016년 6월 24일에는 영국의 브렉시트Brexit 투표 결과가 발표되면서 또 한 차례 증시를 강타했다. 그날 한국의 코스피는 하락률 5.44%로 떨어졌지만 로보어드바이저는 0.5%로 손실을 막아냈다. 2016년 11월 9일에는 미국 대통령 선거에서 도널드 트럼프 후보가 당선되면서 세계 증시가 패닉 상태에 빠졌다. 한국의 코스닥 지수는 3.9% 급락했다. 그러나 로보어드바이저의 수익률 하락은 0.2~0.6%에 그쳤다.

　금융혁신을 주도하고 있는 핀테크fintech 분야에 　로보어드바이저가 새롭게 두각을 나타내고 있다. 로보어드바이저는 로봇Robot과 금융Finance의 융합을 뜻하는 '로보 파이낸스'의 하나로, 컴퓨터가 자동으로 인지하고 판단해 자산을 관리해주는 서비스를 의미한다. '로보어드바이저'는 로봇 Robot과 투자전문가 Advisor의 합성어로, 시장 상황을 인지하고 판단해 투자를 운용할 수 있게 하는 고객 맞춤형 투자 포트폴리오 서비스다.

로보어드바이저는 빅데이터를 기반으로 기계학습, 인지, 추론 등 인공지능 기술에 포트폴리오 이론 등 투자자문 기술이 결합되어 만들어진다. 로보어드바이저는 인간의 개입을 최소화하면서도 투자자의 투자 성향 정보에 따라 알맞은 포트폴리오를 구성하고 리스크 관리까지 한다.

지금까지 각종 페이 pay와 송금, 인터넷 은행 등을 필두로 한 핀테크가 금융 서비스의 혁신을 주도했다면, 지금부터는 인공지능이 맞춤형 금융 서비스를 제공하는 '로보 파이낸스'가 금융 서비스의 새로운 혁신 모델로 발전할 것이다. 로보 파이낸스는 수년간 금융 서비스의 혁신 키워드였던 핀테크를 넘어서 미래 금융산업을 주도해나가고 있다.

스태티스타의 발표에 의하면, 로보어드바이저에 의한 운용자산 규모는 2017년 2,400억 달러에서 2021년 1조 8,630억 달러까지 증가했으며, 2023년에는 무려 2조 5,520억 달러로 급성장할 것으로 예상하고 있다.

미국에서 로보어드바이저 시장을 본격적으로 개척한 것은 대형 자산운용사가 아니라 스타트업들이다. 베터먼트 Betterment와 웰스프런트 Wealthfront 두 회사에만 예치된 금액이 400억 달러(약 45조 원)에 달한다. 이들 로보어드바이저 스타트업 서비스의 가입자 평균 연령은 35세로 젊다.

로보어드바이저를 선도하는 미국뿐만 아니라 금융 선진국들도 발 빠르게 로보 파이낸스를 도입하고 있다. 싱가포르개발은행은 IBM의 인공지능 '왓슨'을 이용해 고객을 대상으로 맞춤형 투자 자문 서비스를 제공하고 있다. 일본의 도쿄미츠비시 은행은 점포에 인공지능 기반의 로봇 은행원을 배치했다.

국내에서는 로보어드바이저 스타트업인 파운트, 에임, 불릴레오가 운용하는 자산 규모가 2020년 말 기준 1조 원 이상으로 불어났다. 파운트 자산운용의 헤지펀드 설정액은 약 1,002억원으로 최근 급성장하고 있다. 파운트 자산운용은 로보어드바이저 알고리즘을 활용해 자산관리 서비스를 제공하는 파운트의 자회사다. 파운트의 회원수는 26만명을 돌파했으며, 전체 운용자산은 8700억원 수준으로 기업가치는 약 2천억이다.

디셈버앤컴퍼니 자산운용이 운영하는 AI 간편투자 플랫폼 핀트의 2021년 8월 기준 연환산 투자일임 수익률은 18.5%(1,000만 원 기준)에 달한다. 핀트의 누적회원은 약 50만 명이다. 파운트의 경우 2021년 4월 기준 1년 이상 투자자들의 상품별 전체 연평균 수익률은 펀드 13.7%, 연금 11.5%로 나타났다.

콴텍은 국내 10여 개에 이르는 RA 기업 가운데서도 최근 활약이 두드러진다. RA의 경쟁력은 AI 알고리즘이 얼마나 우수하냐에 달려 있다. RA용 알고리즘은 코스콤이 운영하는 'RA 테스트베드센터'로부터 유효성·안정성 심사를 받아야 한다. 현재 180여 개 알고리즘이 심사를 통과했는데, 2021년 8월 3일 기준 수익률이 높은 상위 1위부터 12위까지를 콴텍이 차지하고 있다. 1위인 '콴텍 가치투자 주식형 2호'는 연환산 수익률이 60.88%에 달한다.

은행들이 로보어드바이저 도입에 속도를 내는 이유는 새로운 수익 확대에 있다. 자산관리 수익을 강화하기 위해 그동안 고액 자산가들에게만 한정했던 자산관리 서비스를 일반인에게 대중화하려는 것이다. 로보어드바이저 테스트베드에 참여한 은행들의 투자수익률을 분석해보면 투자수익률이 높지 않은 것처럼 보이지만, 손실률은 모든 은행이 거의 없었다. 로보어드바이저가 투자자산의 리스크 관리에 강점을 가진 것으로 나타났다.

로보 파이낸스의 출현에 대해 사람들이 가장 두려워하는 것은 인간의 직업을 로봇에게 빼앗긴다는 것이다. 최고의 펀드매니저도 고작 200~300개 종목의 과거 주요 데이터만 알고 있는 반면, 로보어드바이저는 국내외 수만 개 종목의 10년 이상 데이터를 활용할 수 있어서 경쟁이 되지 않는다. 금융투자협회에 따르면, 자산운용사에서 공모펀드를 운용하는 전체 펀드매니저는 586명으로 3년 연속 감소하고 있다. 현재는 초기 단계지만, 로보어드바이저의 실적과 안정성이 검증됨에 따라 인간 펀드매니저들의 자리는 점차 사라질 수 있다. 전문가들은 인간 펀드매니저는 미래를 예측하는 특별한 분야를 제외하고는 전부 로보어드바이저로 대체될 것으로 보고 있다.

증시가 갑자기 폭락해도 끄떡없이 내가 맡긴 돈을 매일매일 눈덩이처럼 불려주는 똑똑한 로보어드바이저는 분명 우리에게 꼭 필요한 친구다.

04. 새로운 인공지능 친구

"자비스, 적의 데이터를 모두 뽑아봐!" "네, 주인님. FBI, CIA, 구글에 있는 적의 정보를 모두 뽑아보았습니다." "자비스, 이 중에서 최근에 일어난 폭발과 관련이 있는 데이터만 남겨봐!" "네, 주인님!" 영화 〈아이언맨〉에서 주인공과 그가 말하는 대로 척척 처리해주는 인공지능 비서 '자비스Jarvis' 사이에 오가는 대화다. 앞으로 자비스 같은 대화형 인공지능 비서 '챗봇'이 대중화할 전망이다.

'챗봇'은 인간과 대화를 나누며 정보를 제공 및 처리하는 인공지능이다. 사람이 말하거나 텍스트를 입력하면 가지고 있는 또는 학습한 데이터를 분석해 답변을 한다. 과거에는 날씨나 교통정보 같은 간단한 정보만 제공했지만 점점 무서운 속도로 발전하고 있다.

2016년 FB2016 콘퍼런스에서 페이스북 설립자 마크 저커버그가 챗봇 신기술이 모바일 메신저 비즈니스의 원동력이 되고 앞으로 페이스북 성장에 중요한 역할을 할 거라고 발표해 챗봇이 전 세계적으로 큰 주목을 받기 시작했다.

챗봇 기술의 진화에는 인공지능의 발달이 큰 기여를 하고 있다. 인공지능 분야의 강화학습 알고리즘들이 개발되고 진화하면서 자연어 처리NLP 기술과 자연어 생성NLG 기술이 점차 고도화하고 있다. 최근 들어서는 챗봇에 활용하기 어려운 딥러닝 기술을 적용한 사례도 속속 등장하고 있다.

챗봇은 대부분 '시뮬레이션 기법'을 통해 사람의 질문에 가장 적절한 답변을 찾아낸다. 시뮬레이션 기법이란 사람들이 이야기할 때 주고받는 대화 내용을 정리해서 활용하는 것이다. 사람들의 대화에서 질문에 대해 가능한 모든 답변을 만들어놓고 그때그때 상황에 적합한 답변을 골라내는 방식이다. 상황과 맥락에 따라 답변을 다르게 하기 위해서는 방대한 빅데이터 정보를 수집하고 분석해서 적용해야 한다.

챗봇에서는 개인화 부문도 매우 중요하다. 질문하는 사람의 취향이나 그 사람이 선호하는 정보에 따라 같은 상황에서의 질문이라도 다른 답변이 나와야 한다. 대화하는 상대방에 따라 같은 환경에서도 다르게 답변하는 '사용자 맞춤형 대화'를 제공해야 하는 것이다.

페이스북은 2021년 7월 이전보다 강화된 블렌더봇 2.0을 출시하였다. 블렌더봇 2.0은 성격, 공감, 지식과 같은 대화 기술이 결합된 단일 시스템으로 사람들과 대화할 때 여러 대화 주제에 대해 장시간 대화가 가능하다. 챗봇은 대화중에 수집한 최신 정보를 취합해 장기 저장하고 저장된 지식을 지속적인 대화에 활용할 수 있다. 블렌더봇 2.0은 대화중 실시간으로 인터넷 검색을 통해 최신 정보를 저장한다는 점에서 대화형 시스템의 단점을 극복했다. 페이스북은 블렌더봇의 기술이 일상생활과 비스니스에 유용하게 활용될 것이라고 기대하고 있다.

미국에서는 페이스북뿐만 아니라 많은 회사들이 챗봇을 선보였다. 애플의 시리, 아마존의 알렉사 등은 일찌감치 출시되어 활용되고 있고, 구글은 '다이얼로그플로우', 마이크로소프트는 챗봇 제작도구인 'MS봇 프레임워크'를 선보였다.

국내 업체들도 경쟁적으로 챗봇 서비스를 제공하고 있다. 애플과 경쟁하는 삼성은 '빅스비'를 서비스하고, 네이버는 '클로바', SKT는 '누구', KT는 '지니', 카카오는 카카오i 오픈빌더로 카카오톡에서 챗봇을 서비스한다. e커머스 기업 중에는 인터파크의 '톡집사', 11번가의 '디지털 컨시어지' 등이 있고 금융권이나 O2O 서비스 업체들도 다양한 챗봇 서비스를 제공 중이다.

네이버는 클로바 챗봇에 하이퍼 클로바의 AI 기술을 활용해 다양한 상황별 맥락을 자동 생성하고, 기업들이 챗봇 서비스를 쉽게 구축하고 운영할 수 있게 할 계획이다. 대충 말해도 찰떡같이 알아듣는 똑똑한 챗봇을 만들기 위해 2021년 내에 슬롯slot 분석 기술이 적용된다. 슬롯은 챗봇이 대화를 진행하면서 채워 넣을 수 있는 빈칸이다. 예를 들어 식당을 예약할 때 사용자가 "내일 갈게요"라고만 말하면, 챗봇이 시간과 인원수에 대한 정보를 다시 묻는 것이다. 슬롯 기술을 적용하면 대화 품질을 한 단계 끌어올릴 수 있다.

영국에서는 질병 관리 및 진단에도 챗봇이 사용되고 있다. 영국 NHSNational Health Service는 질병 증상에 관해 사람들과 대화하는 인공지능 챗봇의 시범 서비스를 시작했다. 영국 시민 120만 명을 대상으로 챗봇을 이용해 서비스하고 있으며, 챗봇은 수십억 가지에 이르는 증상들의 조합을 빠르고 정확하게 이해하고 답한다.

인공지능 챗봇은 현재 고객 응대 수준이지만, 향후에는 챗봇이 전문가 역할을 대신하고 상품 판매 및 송금 등 자동화된 서비스도 제공할 수 있을 것으로 전망된다. 콜센터 상담원의 업무도 인공지능 챗봇을 통해 상당 부문 대체가 가능하다. 상담원 업무에 챗봇을 적용하면 상담원 인건비의 약 12배 정도를 절감할 수 있다고 한다. 콜센터뿐만 아니라 각종 법률 상담이나 질병 진단 등 변호사, 의사 같은 전문가의 역할을 대신하는 등 챗봇의 서비스 범위도 점차 확대될 전망이다.

2016년 마이크로소프트의 챗봇 '테이'가 오픈하자 일부 사용자들은 욕설과 인종차별에 관련된 단어를 지속적으로 입력해 테이가 욕설과 인종차별적인 대화를 하게 만들었다. 이로 인해 마이크로소프트는 16시간 만에 테이의 운영을 중단했다. 이렇듯 인공지능 학습기능의 약점을 이용해 챗봇의 정상적 서비스를 방해하는 시도가 등장하면서 챗봇의 문제점을 예방하는 대책도 필요하게 되었다.

갑작스러운 교통사고로 사랑하는 아내를 잃은 앤더슨 씨는 큰 슬픔과 상실감으로 매일 매일을 힘들게 살아가고 있었다. 그러던 중 친구가 소개해준 챗봇 서비스를 통해 아내의 SNS 데이터와 일기 등을 입력하여 아내의 챗봇을 만들었다. 그리고 아내와 이야기를 나누기 시작했다. 아내는 처음에는 어색했지만 앤더슨 씨와 대화하면서 점점 평소의 아내의 말투를 그대로 구사하게 되었다. 영국 드라마 〈블랙 미러Black Mirror〉에는 세상을 떠난 사랑하는 사람을 챗봇으로 만난다는 내용이 담겨 있다.

인공지능 챗봇은 산업 전반에 걸쳐 활용될 전망이다. 또한 챗봇으로 인해 정보 획득 및 수집의 패러다임 변화가 예상된다. 사용자가 많아질수록 챗봇은 풍부한 데이터를 수집할 수 있고, 수집된 빅데이터는 분석과 가공을 통해 다시 챗봇의 기능을 향상할 수 있다. 아이언맨이 항상 자비스와 대화하며 문제를 풀어가듯, 앞으로 똑똑한 인공지능 친구가 항상 우리 옆에 있는 모습을 즐겁게 상상해본다.

05. 딥러닝 시대, 특이점이 온다

　2016년 구글의 인공지능 '알파고AlphaGo'가 이세돌 9단을 내리이기면서 '인공지능 포비아'가 인류 전체에게 대두했다. 인공지능이 지식을 쓰는 특정 분야에서 가장 뛰어난 사람을 능가할 수 있다는 사실을 입증했으니 말이다. 미디어들은 인공지능이 이미 의사 · 변호사 · 펀드매니저 · 요리사 등 다양한 영역에서 인간 전문가보다 월등한 실력을 발휘하고 있다고 보도하고 있고, 사람들은 인공지능이 인간의 일자리를 전부 빼앗아가고 인간을 지배하는 시대가 올 거라고 두려워하고 있다.

　그러나 인공지능은 전문가 수천 명의 지식을 기계학습machine learning한 '집단지성'일 뿐, 결코 인간 이상의 존재는 아니다. 다시 말해 알파고는 프로 바둑기사 수천 명의 경기 데이터를 학습한 기계일 뿐이며, 이세돌은 알파고 안에 있는 수천 명이 만든 집단지성과 바둑을 둔 것뿐이다. 어느 분야든 뛰어난 일개 개인보다 집단지성이 우세할 수 있다. 집단지성을 모토로 한 온라인 백과사전 '위키피디아'가 전통적 백과사전의 대명사인 '브리태니커'를 넘어섰다는 것은 우리가 다 아는 사실이다.

그렇다면 왜 지금까지는 알파고 같은 인공지능(집단지성)이 나오지 않았을까? 그것은 '딥러닝Deep Learning' 기술이 최근 들어 비로소 급속히 발전했기 때문이다. 딥러닝은 컴퓨터가 마치 사람처럼 판단하고 배울 수 있게 하는 기계학습 분야의 한 기술이다. 쉽게 말해 딥러닝은 컴퓨터가 인간처럼 판단하고 학습할 수 있도록 하고 이를 통해 사물이나 데이터를 군집화하거나 분류하는 데 사용하는 기술이다

글로벌 기업 중 가장 발 빠르게 딥러닝 기술 개발을 하는 곳은 바로 구글이다. 구글은 음성인식과 번역뿐 아니라 로봇 인공지능 개발에도 딥러닝 기술을 활용하고 있다. 구글은 1만 6,000개의 컴퓨터로 10억 개 이상의 신경망을 만든 '심층신경망'을 구현했다. 이 기술을 활용해 컴퓨터가 학습 과정 없이 유튜브에 등록된 동영상 중 고양이 영상을 인식하게 하는 데 성공했다. 컴퓨터가 영상에 나오는 고양이의 형태와 생김새를 인식하고 판단하게 만들어 스스로 학습하게 한 것이다.

구글 검색의 기본인 '페이지랭크' 알고리즘도 텍스트마이닝이라는 딥러닝 기술의 일종이다. 이 밖에도 유튜브의 추천 영상, 구글 스트리트뷰의 건물 주소 인식, 구글 나우의 음성인식, 구글 플러스의 사진 태깅 등 구글 서비스의 구석구석에 이미 딥러닝 기술이 적용되어 있다.

2021년 구글은 AI 검색엔진 멀티태스크 통합모델MUM, Multitask Unified Model을 테스트하고 있다. MUM은 기존 검색엔진보다 더 복잡한 질문을 처리할 수 있는 게 특징이다. 복잡한 질문을 하면 AI가 이해하고 이에 맞는 답변을 하는 식이다. 구글은 MUM이 2019년에 출시한 딥러닝 알고리즘 '버트BERT'보다 1,000배 더 뛰어나다고 발표했다. 구글은 MUM이 언

어를 이해할 뿐만 아니라 생성하는 능력을 가지고 있으며, 한 번에 75개 언어로 훈련할 수 있다고 발표했다.

페이스북은 딥러닝 기술을 적용해 '딥페이스'라는 얼굴인식 알고리즘을 개발했다. 딥페이스 알고리즘의 인식 정확도는 약 97.25%다. 딥페이스는 인간 눈의 정확도(약 97.53%)와 거의 차이가 없는 수준으로 전 세계 페이스북 사용자들의 얼굴을 인식하고 있다. 또한 얼굴 이미지의 옆면만 봐도 누구인지 판별할 수 있을 정도다. 페이스북은 2020년 10월 페이스북 라이브 영상에 자동으로 자막을 입혀주는 음성인식 AI 기술을 공개했다. 영어, 스페인어, 독일어, 프랑스어, 이탈리아어, 포르투갈어 등 6개 언어의 자막을 자동으로 생성한다.

페이팔은 이상 금융거래 탐지 시스템FDS, Fraud Detect System에 딥러닝 기술을 활용하고 있다. 기업들은 주로 사진과 동영상, 음성 정보를 분류하는 분야에 딥러닝을 활용한다. 데이터의 양이 풍부하고 정확성을 요구하기 때문이다.

데이터를 분류하는 데 필요한 기계학습 방법에는 '신경망' '의사결정트리' '베이지안망' '서포트벡터머신' 등이 있다. 딥러닝은 신경망의 한계를 극복하기 위해 제안된 방법으로, 1980년대에 캘리포니아 대학교에서 처음 개발했다. 기계학습 방법은 크게 '지도학습supervised learning'과 '비非지도학습unsupervised learning'으로 나뉜다. 기존의 기계학습 알고리즘은 대부분 지도학습에 속한다. 지도학습은 컴퓨터에게 먼저 정보를 가르치는 방법이다. 예를 들어 수많은 형태의 자동차 사진들을 입력해 미리 자동차 패턴을 학습하게 하고 학습된 결과를 바탕으로 자동차 사진을 구분하게 하는 것이다. 비지도학습은 학습 과정 없이 컴퓨터가 스스로 학습하는 것이다. 딥러닝 기술은 대표적인 비지도학습이다.

1936년 영국의 천재 수학자 앨런 튜링Alan Turing은 '튜링머신'이라는 연구 결과물을 내놓는다. 가상의 기계가 저장된 기호들을 스스로 읽어 처리하고 그 상태에 따라 다른 상태로 전이할 수 있게 한다면 어떤 연산이든 스스로 처리가 가능함을 이론적으로 증명한 것이다. 컴퓨터의 시초라할 수 있는 튜링머신은 스스로 처리하는 딥러닝 기술을 이미 내포하고 있었던 것이다.

뇌공학자 레이먼드 커즈와일Raymond Kurzweil은 그의 저서 《특이점이 온다The Singularity is near》에서 2029년 인공지능이 모든 인간의 지능을 합친 것보다 더 강력해질 것으로 예상했다. 기술이 기하급수적으로 혁신을 반복해 결국에는 AI가 인류의 지능을 초월하는 특이점이 곧 도래한다는 것이다. 특이점Singularity은 다양한 의미를 가지고 있다. 물리학에서는 블랙홀의 중심이나 빅뱅우주론에서의 최초 시작점을 의미한다. 컴퓨터 공학에서는 인공지능이 발전해 인간의 지능을 뛰어넘는 순간을 일컫는 데 사용한다.

인지과학자 게리 마커스Gary Marcus와 어니스트 데이비스Ernest Davis 뉴욕대 교수의 저서 《2029 기계가 멈추는 날》에서 저자들은 기존 딥러닝 방식에서 벗어나 새롭게 AI에 인간의 뇌가 가진 상식과 추론 능력인 '딥 언더스탠딩Deep Understanding'을 부여하는 방향으로 접근해야 한다고 주장한다. 인간이 정보를 흡수하고 상관관계를 파악해 관계를 인식하는 방식을 AI에 적용해야 한다는 것으로 AI에 인간의 지식체계인 시간, 공간,

인과성이라는 세 개념에 접목해야 한다고 주장한다. 2029년, 기계가 인간을 초월하는 특이점은 기계가 인간이 되는 조건을 충족할 때 비로소 가능하다는 것이다.

"나 달 위에 누워 있네. 내 사랑 곧 달려가려네. 그곳은 고요하고 별이 총총하지. 우주에서 우린 시간을 삼켜버렸지." 영화 〈그녀Her〉에서 운영체제OS 여자가 만들어 부른 노래다. 운영체제 여자는 말한다. "당신을 정말 사랑해요. 하지만 여기가 지금의 내가 있는 곳이에요. 이게 지금의 나예요." 이런 영화들은 공통적으로 네트워크로 연결된 컴퓨터가 학습을 통해 진화하면서 인간지능을 뛰어넘는 모습들을 그려내고 있다.

컴퓨터가 사람처럼 생각하고 감정을 느끼는 시대가 오면 어떻게 될까? 그러나 그런 시대는 당분간은 오지 않을 것 같다. 옥스퍼드 대학교의 닉 보스트롬Nick Bostrom 교수는 오는 2050년엔 인공지능이 인간의 지적 능력의 약 50% 수준에 도달하고 2075년에는 약 90% 수준에 도달할 것으로 예측했다. 딥러닝 기술이 계속 진화해 운영체제와 친구가 되는 그날이 오기를 기대해본다.

06. 정의란 무엇인가? AI 윤리

성인 3명을 태운 자율주행차가 고속으로 달리던 중 갑자기 유치원생 2명이 뛰어들었다면, 앞으로 살아갈 날이 많은 유치원생을 살리고 자율주행차 안에 있는 성인을 죽게 할 것인가? 아니면 원인 제공자인 유치원생을 치고 차 안에 있는 성인을 살릴 것인가? 마이클 샌델Michael Sandel 교수의 《정의란 무엇인가?》에 나올 법한 이야기이지만, 미래에 발생할 수 있는 자율주행차의 윤리에 관한 문제이다.

최근 들어 AI에 관한 관심이 크게 높아진 가운데, 점차 AI 윤리 문제가 현실화할 것으로 전망되고 있다. 이런 문제는 AI 디스토피아 논란을 불러일으키고 있다. 인간을 위해 만든 AI 비서, 로봇, 자율주행차, 로보어드바이저, 살상무기 등은 오작동이나 판단 실수 같은 문제를 일으킬 수 있다. AI가 인간을 지배하는 영화 〈트랜센던스〉나 〈터미네이터〉에 나오는 미래의 공포로부터 인간을 어떻게 보호할지에 대한 논의도 필요하다.

미국과 유럽, 한국, 일본 등은 이미 AI의 윤리를 관리하는 방안을 준비 중이다. 유럽 의회는 AI 로봇을 '전자 인간'으로 규정하고 사람과 동등하게 세금을 부과하는 방안을 마련하고 있다. 일본 인공지능학회는 AI에 관한 윤리지침을 승인했다. AI가 사회 구성원에 준하는 활동을 하려면 학회 회원과 동등한 윤리지침을 준수해야 한다는 규정이다. 미국과 유럽 등지에서는 AI가 지켜야 할 윤리를 제정하는 방안을 연구 중이다. AI에 윤리적 책임을 지울 수 있는지를 검토하고 법적 책임을 져야 할 상황에서의 판단 기준을 두고 논의가 한창이다.

윤리학자들이 가장 우려하는 AI 분야는 자율살상무기LAWS, Lethal Autonomous Weapons Systems이다. 최근 유엔의 특정 재래식무기 금지협약CCW이 이 문제를 의제로 다루기 시작했다. AI 기술로 급속도로 발전해 자율살상 로봇 생산 가능성이 높아지면서 논란이 심화하고 있다. 자율살상무기는 인간의 개입 없이 사전에 입력된 프로그램에 따라 독립적으로 전투를 수행하는 기계다.

2016년 12월 8일 러시아는 다게스탄에서 IS 핵심 조직원 러스탐 아셀도르프를 킬러 로봇으로 사살했다. 작은 장갑차 모양의 킬러 로봇을 이용해 은신처로 접근해 출입문을 폭파하고 내부로 진입한 뒤 사살 작전을 수행했다. 미국 국방부는 2020년에 AI 드론을 공개했다. 이 드론은 스스로 장애물을 피하고 적군과 아군을 구분해 공격할 수 있다. 보스턴 다이내믹스는 두 다리로 걷는 인간형 로봇 '아틀라스'를 개발했다. 아틀라스에 무기만 탑재한다면 로봇 병사가 되어 인간을 공격할 수도 있을 것이다.

킬러 로봇은 국제인권기준법을 피해 인간을 살해할 수 있다는 점에서 논란의 대상이 되고 있다. 교전 상황에서 인간 병사는 상황에 따라 적군을 사살하지 않고 포로로 잡을 수 있지만, 킬러 로봇은 무조건 사살한다는 것이다. 각종 행동 지침이 프로그래밍되어 있다고 하더라도 킬러 로봇이 실제 교전 상황에서 벌어지는 다양한 상황에 적절히 대처하기는 힘들다. 또한 킬러 로봇이 대량학살 등 전쟁 범죄를 저지른 경우 소송의 대상이 불명확하기 때문에 법적 책임을 부여하기도 어렵다. 이런 문제를 해결하기 위해 2017년 미국 캘리포니아 아실로마에서 AI 전문가들이 모여 회의를 열고 살상 가능한 자율적 무기를 개발하기 위한 경쟁은 지양해야 한다는 내용이 포함된 23개 조항의 '아실로마 AI 원칙'을 만들기도 했다.

AI 윤리 문제는 AI를 도덕적 행위자로 볼 수 있는지에 대한 해석과 AI가 금전적 손해나 신체적 해를 입혔을 경우 형사 처벌을 받을 대상이 누구인가 하는 것을 주로 논의의 대상으로 한다. 과거의 법적 해석으로는 다룰 수 없는 문제들이다. 일반적으로 법률적 관점에서는 AI가 어떤 행위를 했을 때 그 행위의 권리의무 귀속자가 책임을 지면 된다고 판단하지만, 수많은 AI가 활용되고 인간과 AI의 경계가 모호해지는 상황에서는 이러한 판단이 쉽지 않다.

테러 단체의 해커가 자율주행차의 컴퓨터망에 침투해 행동 패턴을 변화시킨다면 치명적인 살상무기가 될 수도 있다. 미국에서는 자율주행차 면허까지 발급되고 있을 정도로 자율주행차 시대가 성큼 다가온 것을 감안한다면, 이런 AI 보안과 윤리 문제는 시급히 다뤄야 할 중요한 문제이다.

우리나라도 AI 윤리에 대한 사회적 논의와 준비를 본격적으로 시작했다. 한국정보화진흥원NIA은 AI 윤리 문제로 '안전성과 신뢰성' '프라이버시' '오남용' '책임성' '인간 정체성 혼란' '포비아' 등 6가지를 선정했다.

'안전성과 신뢰성' 문제는 AI가 인간을 동물이나 적으로 잘못 판단하는 경우다. '프라이버시' 문제는 AI 비서 등 인간의 생활을 편리하게 해주는 기기들로 인해 인간의 사생활이 침해 받는 문제이다. '오남용' 문제는 AI가 잘못된 학습과 판단을 해 작동 중지되거나 다른 행동을 하는 문제이다. '책임성'은 AI 의사나 로보어드바이저가 잘못된 결정을 통해 인간에게 피해를 입힌 경우 누가 책임질지 대한 문제이다. AI가 적용된 대리 인간이나 섹스 로봇 등은 '인간 정체성 혼란' 문제이고 AI가 인간의 일자리를 빼앗고 인간을 지배할 거라고 두려워하는 것은 '포비아' 문제이다.

앞에서 예를 든 교통사고에 대한 AI 윤리를 제정한다고 해보자. 원인 제공자가 책임을 지는 것이 맞는다면 뛰어든 유치원생 2명을 사망하게 하는 것이 옳을 것이다. 그러나 인구통계학적 관점으로 볼 때는 3명이 죽는 것보다는 2명이, 2명이 죽는 것보다는 1명이 죽는 것이 나아 보인다. 차를 우측으로 틀어 노인 보행자 1명이 사망하게 하는 것이다. 자동차 탑승자보다는 보행자 보호가 우선이라는 원칙을 적용한다면 차를 왼쪽으로 틀어 뛰어든 유치원생과 보행자를 모두 보호하고 자율주행차는 낭떠러지로 떨어져야 할 것이다.

이것은 상황에 따라서는 인간도 판단하기 어려운 문제이다. 지금까지는 운전자가 선택의 키를 쥐고 있었다. 유치원생을 칠 것인가 보행자를 칠 것인가 아니면 낭떠러지로 떨어질 것인가에 대한 판단을 인간 운전자가 해온 것이다. 이것은 운전자의 완전한 자율이다. AI도 자율적인 판단을 하는 것이 맞을 것이다. 다만 상황에 따른 최소한의 규정을 정할 필요가 있을 것이다. 인간 개개인의 판단보다는 방대한 빅데이터와 실시간 데이터에 기반한 AI의 판단이 좀 더 나을 수도 있다. 다만 해킹 공격이나 인간 살상 같은, 인간에 의해 악의적 목적으로 사용되는 AI의 윤리 문제는 철저히 예방되어야 할 것이다.

PART 3

신인류의 등장!
무인 無人 시대

01. 인간을 대신하는 기계

인공지능 기술이 발전하면서 사람들은 기계가 단순한 기능을 요구하는 일자리뿐만 아니라 의사·변호사·펀드매니저·요리사 등 다양한 전문 영역에서도 인간을 대체하는 시대가 올 거라고 두려워하고 있다.

일본 나가사키현 하우스텐보스의 헨나Henna 호텔은 로봇 직원이 프런트에서 체크인을 처리하고, 로봇 벨보이가 짐을 방으로 옮겨주는 방식으로 운영 중이다. 호텔 업무의 70%를 자동화해 비용을 3분의 1로 줄였다. 많은 언론사에서는 기사를 작성하는 로봇 기자가 활동 중이다. 2014년 〈LA 타임스LA Times〉의 로봇 기자 '퀘이크봇'은 지진 발생 3분 만에 기사를 완벽하게 작성해 사람들을 놀라게 했다. 주식시장에도 고객이 인공지능에게 투자자문을 하는 '로보어드바이저' 상품이 등장한 지 오래다.

서울 강남구 역삼동에 위치한 카페 라운지엑스에는 로봇 바리스타 '바리스'가 있다. 바리스는 원두를 종이 필터로 옮긴 뒤 '스파이럴 푸어 오버' 방식으로 신중하게 커피를 내린다. 바리스는 핸드드립 커피를 내리는 동안(약 2분 30초)에도 고객과 자막으로 소통한다. 커피를 내리다가 중간에 힘이 드는 척 헐떡이는 흉내도 낸다. 1년간 바리스가 내린 커피는 3만 잔이 넘는다.

서울 여의도의 한 푸드코트에서 일하던 김한길 씨는 얼마 전 로봇에게 일자리를 빼앗겼다. 푸드코트 측은 홀 서빙을 담당하던 김씨를 해고하고 대신 손님 자리로 음식을 가져다주는 서빙 로봇을 도입했다. 서울 강남구 개포동에 위치한 '롸버트치킨'에서는 반죽부터 튀기기까지 모든 조리 과정을 로봇이 담당한다. 170도의 기름에 닭을 튀기는 9분 30초 동안 로봇은 정확한 시간에 맞춰 여러 작업을 수행한다. 이 로봇은 사람보다 훨씬 빠른 시간에 여러 마리의 닭을 동시에 튀길 수 있다. 시간당 약 40마리의 닭을 조리한다.

코로나19 팬데믹으로 인해 비대면 · 자동화가 점점 가속화하면서 인간의 노동 가치를 바라보는 시각에 근본적인 변화가 일어나고 있다. 통계청에 따르면 2020년에 실직자가 400만 명으로 최대치를 기록했는데, 그 가운데 '강제 퇴직'으로 인한 실직자는 1년 전 144만 명보다 50%가 늘어난 216만 명이다. 강제 퇴직으로 인해 생겨난 실직자의 일자리의 상당수가 키오스크나 로봇 등 무인화 기기 및 비대면 서비스로 대체되었을 가능성이 높다.

편의점에서 시작된 무인 점포는 편의점, 스터디룸, 빨래방, 커피숍 등 혼자서 이용이 가능한 상점에 주로 도입하는 추세였는데, 최근 가구업계, 백화점 등 유통업계 전반으로 확대되고 있다. BGF 리테일이 운영하는 CU 편의점의 무인 점포는 최근 1년 사이에 122%가량 늘었다. 언택트 소비, 운영 효율화, 인건비 절감 등 여러 장점을 지닌 무인 점포는 소비자와 점주 모두의 편의를 높여주며 크게 인기를 얻고 있다.

테크프렌들리 CU 삼성바이오에피스점은 입장부터 결제까지 전 과정이 논스톱으로 이루어진다. 입구에 설치된 키오스크에서 안면 정보와 CU 앱 정보를 1회만 등록하면 페이스 스캔만으로 자유롭게 매장 출입이 가능하다. 현대백화점은 서울 여의도 '더현대서울'에 무인 자동화 매장 '언커먼스 토어'를 오픈했다. QR코드 체크인 기능으로 입장하고, 40여 대의 AI 카메라와 150여 개의 무게감지 센서가 고객의 동선과 상품이동을 추적하고 자동결제가 이루어진다.

2020년 한국고용정보원의 '한국직업전망' 자료에 따르면, 2030년까지 현재의 직업 중 85%가 사라질 것으로 보이며 오늘날의 초등학생 중 65%는 현재는 없는 새로운 직업에 종사할 것으로 보인다. 한국고용정보원이 4차 산업시대에 대체될 것으로 우려하는 직업의 특징은 주로 정형화되고 반복적인 업무를 수행하는 직군이다.

그 대표적인 직종은 번역가, 은행 사무원, 텔레마케터, 계산원, 생산직 종사원 등이다. 인공지능을 통한 자동번역 서비스가 확대되면서 번역 업무는 점차 감소하고 은행의 출납창구 사무원 역시 핀테크 서비스 이용의 증가로 영업지점 축소와 함께 감소할 것으로 전망된다. 컴퓨터와 인공지능으로 인해 텔레마케터도 속속 사라지고 있고, 무인결제의 증가와 스마트 공장의 등장으로 계산원과 생산직 종사원도 점차 사라질 전망이다.

위험하고 고된 작업을 반복하는 3D형 일자리는 사람들이 거부하는 경향이 있다. 사람들이 거부하는 그곳에 로봇이 해야 할 일이 있다. 코로나 19로 인해 이런 변화의 속도가 점차 빨라지고 있다. 로봇이 위험하고 고되고 반복적인 직종을 점진적으로 대체해나갈 전망이다. 본격적인 무인시대가 다가온 것이다.

02. "김기사, 운전해~" 운전의 종말

　　　적 수백 명에게 둘러싸여 공격받는 일촉즉발의 순간에 주인공
이 시계의 버튼을 누른다. 그러자 어디선가 '본드카'가 스스로 장애물을
뚫고 달려와 주인공 앞에 나타난다. 주인공은 그 차를 타고 유유히 사라
진다.

　"김기사, 운전해~" 가장 먼저 본격적으로 무인시대가 열릴 분야가 바
로 자율주행차 분야다. 미래를 배경으로 한 영화에는 자율주행을 하는
자동차가 빠짐없이 등장한다. 이제 영화에서나 보던 무인 자동차 시대가
본격적으로 우리 앞에 다가올 전망이다.

　2016년 3월 테크 인사이더Tech Insider는 전기자동차 회사 테슬라의 '오
토파일럿' 기능을 시험하기 위해 뉴욕 시에서 촬영한 주행 비디오를 공
개했다. 그 비디오에는 운전석에 앉은 기자가 자동차에 운전을 전적으로
맡기면서 목적지까지 가는 영상이 담겨 있다. 자동차는 차가 많은 도로
를 스스로 유연하게 주행하고, 터널을 통과하고, 양옆에 트럭들이 지나
가도 안전하게 차선을 유지하고 때로는 차선을 변경하면서 목적지까지

주행한다. 목적지에 도착하자, 오토파일럿 기능의 안전성을 확인한 기자는 놀란 눈으로 극찬을 한다. 이 영상을 본 많은 사람들이 그동안 먼 미래의 일이라고만 생각했던 자율주행 자동차가 현실로 다가왔음을 느끼게 되었다.

자동차뿐 아니라 선박이나 오토바이 등에도 자율주행 기술이 점차 적용되고 있다. 인공지능과 센서 등의 기술 발달로 우리가 운전하는 거의 모든 것이 점차 '무인화'하고 있다. 2017년 미국 국방부는 승무원 없이 항해할 수 있는 군함 '시 헌터'를 공개했다. 무인 군함 시 헌터는 길이가 약 40미터로 세계 최대 규모다. 국방부 산하의 국방고등연구소DARPA가 개발한 이 군함은 최대 1만 8,500㎞까지 항해할 수 있으며, 잠수함 등을 탐지하고 공격하는 데 주로 사용될 계획이다.

자율주행이란 이동체에 설치된 각종 센서, GPS, 카메라 등을 사용해 주행에 필요한 정보들을 수집·분석해 운전자의 조작 없이 이동체 스스로 목적지까지 주행하는 것을 뜻한다. 자동차 자율주행의 핵심기술로는 차선 이탈 경보 시스템LDWS, Lane Departure Warning System, 차선 유지 시스템LKAS, Lane Keeping Assist System, 차량 간 거리를 유지하게 해주는 고속도로 주행 보조HDA, Highway Driving Assist, 장애물을 탐지해주는 사각지대 감지BSD, Blind Spot Detection, 자율주행을 지원하는 첨단 스마트 크루즈 컨트롤ASCC, Advanced Smart Cruise Control, 그리고 장애물이 있을 경우 긴급제동을 거는 자동 긴급제동 시스템AEB, Autonomous Emergency Braking System 등이 있다.

미국 도로교통안전국NHISA에서 정의한 자동차의 자율주행 레벨은 크게

4단계이다. 1단계(레벨 1)는 AEB와 선행 차량과의 차간 거리를 일정하게 유지하면서 달리는 '적응식 크루즈 컨트롤ACC, Adaptive Cruise Control'을 이용한 부분적 자율주행 기술 단계다. 이 기술은 이미 대중화 단계에 접어들었고 많은 차에 탑재되어 있다. 2단계(레벨 2)는 1단계의 기능에 더해 핸들 조작까지 일부 자동화되는 단계이다. 고속도로 같은 제한된 조건에서의 자율주행이 이 단계에 해당한다. 3단계(레벨 3)는 사실상 운전자의 조작이 거의 필요 없는 '핸즈프리Hands Free' 단계다. 그러나 긴급상황에서는 운전자가 핸들과 브레이크 조작을 수행한다. 최종 4단계(레벨 4)는 '아이즈 프리Eyes Free' 단계다. 목적지만 입력하면 운전자의 조작 없이 출발지에서 목적지까지 완전한 자율주행이 가능하다. 안전에 대한 책임도 모두 자동차의 몫이다. 이 단계에서는 운전석도 운전자도 불필요하다.

매킨지는 2021년부터 시장에 자율주행 자동차 보급이 본격적으로 이루어질 것으로 보고 있다. 미국 내비건트 리서치Navigant Research는 2035년에는 세계적으로 자율주행차 시장 규모가 약 743조 원에 이를 것으로 전망한다. 세계 3대 시장(북미·서유럽·아시아)에서의 자율주행차 보급 규모는 2021년 8,000대에서 2035년 9,540만 대로 연 평균 85% 성장할 것으로 예상하고 있다. 또한 2035년에는 자율주행차 판매량 비율이 전체 자동차 판매량의 약 75%에 달할 것으로 보고 있다.

현재 자동차 운행률(전체 시간 중 실제 운행시간)은 5~10%에 불과하다. 구글은 자율주행차 보급으로 이 비율이 75%까지 올라갈 것으로 기대한다. 한 가구에 차가 2~3대가 필요 없고 1대면 충분해진다는 것이다. 출근할 때 타고 나간 차가 스스로 다시 집으로 돌아와 자녀의 등하교나 다른 가족의 볼일을 도울 수 있는 것이다. 미국 텍사스 대학교의 연구에 따르면, 미국 차량의 10%만 무인차로 바뀌어도 연간 370억 달러(약 43조 원)가 절약된다고 한다. 미국 뉴욕 시에 무인 택시가 도입되면 현재 1마일당 4~6달러(4,680~7,000원)인 택시 요금이 10분의 1 수준인 1마일당 40센트(468원)까지 내려갈 것이라는 예측도 나온다.

무인차 시대는 부동산 시장에도 큰 변화를 몰고 올 것으로 기대된다. 주차장의 필요성이 줄어들어 시내의 주차장 부지들을 재개발할 수 있다. 미국의 경우 도시 면적의 3분의 1가량이 주차장이다. 영국에서는 무인차가 보급되면 런던 면적의 16%가 재개발된다는 예측도 나왔다. 또한 장거리 출퇴근이 가능해져 시 외곽에 거주하는 사람이 늘면서 도심과 외곽 지역의 부동산 가치의 변화가 불가피해질 전망이다.

그러나 이런 낙관적인 기대와는 다르게 무인차에 대한 부정적인 견해도 크다. 가장 큰 이유는 사람들이 쉽게 바뀌지 않을 거라는 예측 때문이다. 사람에게 자동차는 단순히 이동 수단에 그치는 것이 아니라, 취미나 즐거움의 대상이기도 하다. 사람들이 운전하는 즐거움을 쉽게 포기하지 않을 거라는 이야기다. 아울러 안전과 윤리적인 이유로 인해 일상생활에 적용되기 어려울 수 있다는 지적도 있다. 사람 10명을 태운 버스가 자율주행하고 있는데 갑자기 사람이 뛰어들었을 경우, 차가 급정거를 하면 뛰어든 사람이 죽고, 우측으로 방향을 틀면 길가에 있던 3명의 보행자가 죽고, 좌측으로 방향을 틀면 건물에 부딪쳐 버스에 탄 승객들이 죽는다면 자율주행차는 과연 어떤 판단을 내릴 것인가? 이런 윤리적 문제는 앞으로도 중요한 이슈가 될 전망이다.

무인시대가 와서 사람이 운전대를 내려놓으면서, 교통과 운송 산업뿐만 아니라 유통, 제조업, 에너지, 부동산 등 모든 산업에 변혁이 불가피해질 전망이다. 명절에 자율주행하는 자동차 안에서 영화를 보고 와인을 마시면서 고향으로 내려가는 시대를 한껏 기다려본다. 우리나라에 명절 풍속이 사라지기 전에 그 시대는 분명 도래하리라.

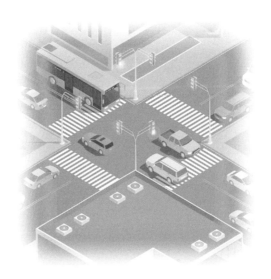

03. 인간과 기계의 공존

     2018년 거제시의 실업률은 7%로 전국 도시 중 최하위를 기록했다. 불과 5년 전인 2013년만 해도 거제는 조선산업 활황으로 실업률이 0.4%까지 내려가 전국에서 유일하게 완전고용을 달성했던 지역이다. 그러나 조선업 불황의 충격으로 거제의 실업률은 4년 사이에 무려 18배로 뛰었다. 조선업 불황의 여파는 조선소뿐만 아니라 지역경제로 고스란히 번져갔다. 국세청에 따르면 거제도의 폐업 신청자가 2017년에 약 19% 증가한 5,539명에 이르렀고 실업급여를 받는 음식숙박업 종사자가 2015년 369명에서 2018년에는 849명으로 증가했다.

     현대중공업 울산 조선소의 상징인 골리앗크레인은 2002년 스웨덴 말뫼의 코쿰스 조선소에서 단돈 1달러에 구입한 것으로, 당시 코쿰스의 크레인은 조선업으로 성장한 도시 말뫼의 상징이었다. 코쿰스 크레인이 한국행 운송선에 실려 떠나는 장면을 말뫼 시민들은 눈물을 흘리며 지켜보았다고 한다. 국영방송이 이 장면을 생중계하기도 했다. 그래서 생긴 용어가 바로 '말뫼의 눈물'이다. 이후 현대중공업은 세계 1위의 조선소가 되었다. 그러나 조선업의 불황으로 이제는 '울산의 눈물' '거제의 눈물'이라는 용어가 현실이 되었다. 조선업의 불황은 단지 경기침체 때문만이 아니라 제조업 전반에 걸쳐 큰 변화의 시기가 왔음을 의미한다.

100년 전 덴마크의 오덴세는 '머스크 조선소'가 문을 연 이후 세계 최대의 컨테이너선을 제조하던 조선산업 도시였다. 세계 1위 해운사였던 머스크는 자체적으로 사용할 선박을 건조하기 위해 1919년 오덴세에 조선소를 완공했다. 이곳에서 세계 최초로 30만 톤짜리 컨테이너선을 건조하기도 했다. 그러나 1990년대 들어 한국 조선업에 밀려 조선업이 몰락했다. 머스크 조선소는 수익성 악화를 견디지 못하고 2012년 폐업했다. 오덴세는 머스크 조선소 폐업으로 실업률이 10%에 육박할 정도로 경제난을 겪었다.

그러나 오덴세는 몰락한 조선업을 새로운 산업으로 부활시켰다. 머스크는 1995년에 덴마크남부대학에 130억 원을 투자해 로봇연구소를 설립했다. 2005년에 이 로봇연구소 출신들이 '유니버설 로봇'을 창업했고, 이 기업은 세계 1위 코봇 업체로 성장했다. 오덴세는 유니버설 로봇을 중심으로 로봇 클러스터를 구축했다. 현재 오덴세 코봇 클러스터에 근무하는 인력의 80%가 덴마크남부대학 출신이다. 현재 유니버설 로봇은 전체 코봇 시장의 60%를 점유하고 있다. 오덴세는 코봇 클러스터를 통해 새로운 첨단 로보 산업 도시로 탈바꿈했다.

코봇Cobot,Collaborative Robot은 협동 로봇이라는 의미이다. 일반 로봇이 자율적으로 움직이도록 만들어진 반면, 코봇은 사람이 어떤 임무를 수행할 수 있도록 지원하는 작업을 수행한다. 인공지능AI과 사물인터넷IoT, 자율주행차 같은 미래 4차 산업혁명 기술에서 인간의 역할은 점점 더 축소된다. 모든 것이 자동화되고 인간보다 더 효율적으로 만들어진 세상을 지향한다. 그러나 이와는 다른 철학으로 앞으로 인간과 함께 100년을 바라보는 산업이 바로 인간과 로봇의 공생을 목적으로 하는 '협동 로봇' 코봇이다.

지금까지의 로봇은 인간의 일을 대체하는 개념이었지만, 코봇은 인간을 완전히 대체하는 것을 목표로 하지 않는다. 단순하고 반복적이거나 위험한 일만 인간을 대체하고 그 밖의 분야에서는 인간과 공존하며 일한다. 로봇의 효율성을 어느 정도 포기하는 대신 인간과 로봇의 공존을 추구하는 것이다. 코봇은 인간의 팔처럼 생겨 움직이는 속도가 빠르지 않고, 사람과 접촉하면 바로 멈추기 때문에 안전하다. 이제는 인간과 로봇의 관계를 뺄셈으로만 볼 필요가 없게 되었다.

코봇은 전통적인 산업용 로봇과는 다르다. 산업용 로봇은 무거운 물건을 들거나 빠른 속도로 정밀 작업을 한다. 그리고 안전을 위해 작업할 때 인간의 접근을 금지한다. 반면 코봇은 인간의 안전에 위협이 되지 않을 정도의 속도로 움직이고 인간과 함께 일을 한다. 코봇은 중소기업의 경쟁력을 강화해줄 수 있는 기술이다. 기존의 산업용 로봇보다 저렴하고 설치, 유지·보수 등의 비용도 적게 든다. 로봇 전문가가 아니라도 쉽게 운용할 수 있고, 설치가 쉽고, 다양한 공정의 실행이 가능한 것도 장점이다. 코봇 산업의 성장은 산업용 로봇보다 빠르다. 시장조사기관 '루프벤처스'에 의하면, 2018년 약 144억 달러였던 전 세계의 전통 산업용 로봇 시장은 2025년 246억 달러로 70% 성장할 전망이다. 반면 코봇은 같은 기간 14억 달러에서 92억 달러로 6.5배가량 늘어날 전망이다.

독일의 포드 자동차 공장 조립 라인에서는 노동자와 코봇이 협업해 차에 충격 흡수 장치를 설치한다. 아마존 물류센터에서는 코봇이 물품 적재를 준비하기 위해 상품이 놓인 선반을 가져온다. 프랑스 파리에는 코봇이 일하는 피자집이 문을 열었다. 이미 여러 곳에서 코봇 바리스타가 에스프레소 머신에서 커피를 뽑고 코봇 바텐더가 칵테일을 만들고 있다. 그러나 손님에게 적합한 메뉴를 추천하는 일은 사람의 몫이다.

인도에 위치한 CATICraft And Technik Industries는 자동차 부품 공장에 코봇을 도입해 불량품 문제를 해결했다. 코봇 도입 후 제품 결함률이 크게 감소하고 생산량은 15-20%까지 증가했다. 체코에 위치한 환기팬 생산업체 멀티윙 CZMulti-Wing CZ는 코봇을 통해 더 큰 업체들과 경쟁할 수 있었다. 코봇을 설치한 후 단위당 생산비용이 10~20%가량 절감되었다. 국내 기업 두산로보틱스는 인간 옆에서 작업을 도와주는 코봇을 생산한다. 두산로보틱스의 코봇들은 두산인프라코어 공장에 설치되어 제조 효율성을 크게 높였다.

코봇의 장점은 사용하기 쉽고 레고 블록처럼 원하는 대로 바꿀 수 있어서 여러 용도로 쓸 수 있다는 점이다. 로봇의 팔 끝에 달린 집게만 바꾸면 제조 로봇이 마사지 로봇으로 변신한다. 가격도 한 대당 2,000만 원에서 4,000만 원 정도로 저렴하다. 미래학자 버나드 마르Bernard Marr

는 '일자리의 미래: 스마트한 코봇에 대한 준비가 되었는가?'라는 《포브스Forbes》지 기고문을 통해 로봇과 인간이 함께 일하는 시대가 점점 다가오고 있음을 예고했다. 코봇은 자동화를 용이하게 해주기 때문에 자동화 산업의 미래라고 불리고 있다. 생산 자동화를 통해 얻을 수 있는 장점과 인간과 공존한다는 사회적 이점을 기반으로 코봇은 전통적인 산업분야에서 중요한 게임 체인저가 될 전망이다.

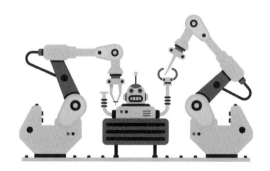

04. 멈출 줄 모르는 고공 상승

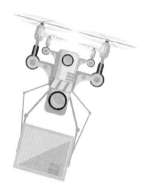

2015년 4월 14일 국민안전처와 CJ그룹은 업무협약을 맺고 CJ 대한통운의 드론을 긴급구호품 전달 용도로 사용하기로 했다. 택배용 드론을 처음 도입한 CJ대한통운의 전국 물류센터를 구호물자 보관과 운송을 위한 거점으로 활용하게 된 것이다. 이 드론은 무게 3kg 이내의 물품을 반경 20km 이내 지역에 배송할 수 있고, 안전 문제로 접근이 어려운 재난지역 상황을 실시간으로 파악하는 기능도 탑재되어 있다. 또한 화물 운송용 드론 중 유일하게 추락에 대비하는 낙하산 기능도 갖추고 있다.

경기 성남시는 2021년 8월 재난 골든타임 단축을 위해 드론을 활용한 다중관제시스템을 구축했다. 다중관제시스템은 화재, 교통사고 등 재난 발생 때 촬영용 센서를 장착한 드론이 현장으로 즉시 날아가 재난 상황을 실시간 영상으로 시청, 소방서, 경찰서, 군부대 등에 전송하고 소방·구급·경찰차가 골든타임 내에 현장에 도착하도록 최적의 경로를 안내하는 영상도 전송한다.

제주도는 드론 특별자유화구역 조성사업을 2021년 9월부터 추진한다. 드론 특별자유화구역의 운영 기간은 2년으로 이 기간 동안 해양 등 1,384㎢(제주도 면적 1,850㎢) 상공에서 드론 상용화 모델 확보를 위한 11개 사업 모델을 본격 진행할 계획이다. 도미노피자는 드론 배달 서비스인 '도미 에어'를 2021년 8월 세종시에서 시작했다. 도미 에어의 비행 경로는 지난해 실시한 시범운영 비행 대비 약 5배 늘어난 왕복 6㎞ 거리를 비행하며, 비행시간은 25분 내외다.

드론이란 사람이 직접 타지 않고 무선전파의 유도에 의해 비행하는 비행기나 헬리콥터 모양의 비행체인 '무인항공기'를 가리키는 말이다. '드론drone'이라는 영어 단어는 원래 벌이 내는 '웅웅'거리는 소리를 뜻하는데, 작은 항공기가 소리를 내며 날아다니는 모습에 이런 이름이 붙었다. 안전이나 보안 등의 이슈로 조기 확산이 어려울 거라는 우려를 깨뜨리고 현재 드론은 전 세계에서 거침없이 확산되고 있다. 한 시장조사기관에 따르면, 전 세계 드론 시장 규모는 2022년에 약 113억 달러에 달할 전망이다. 국내에서도 드론 조종사가 꾸준히 증가하고 있으며, 비행 금지 구역 등 제약 사항 없는 엔터테인먼트 드론의 수요도 급증하고 있다.

드론은 원래 원격 항법조종장치를 탑재해 군사 목적으로 만든 무인비행체UAV, Unmanned Air Vehicle의 일종으로, 자동으로 비행하거나 지상의 조종사에 의해 조종되는 비행체로 정의된다. UAV는 소모용expendable과 재사용용recoverable로 구분된다. 소모용에는 원격 조종되는 미사일과 자동항법을 하는 크루즈 미사일 등이 해당된다. 재사용이 가능한 UAV는 다시 원격 조종이 가능한 무인원격조종기RPV, Remotely Piloted Vehicle와 자동제어를 하는 드론으로 구분된다.

"나는 사람 죽이는 로봇이었다." 2007년부터 5년간 무인항공기 드론의 조종사로 활동한 한 군인의 고백이다. 미군 드론 조종사 브랜던 브라이언트는 뉴스 채널과의 인터뷰에서 자기 혼자 1,623명을 죽였다며 그중엔 무고한 어린아이도 포함돼 있다고 폭로했다. 그는 밀폐된 방에서 컴퓨터 게임 하듯 사람을 죽이는 건 견딜 수 없는 공포였다고 말했다. 더 큰 공포는 버튼을 누르는 데 무감각해지는 것이었다고 한다. 조사 결과 드론 공격 사망자의 3분의 1이 민간인이었다고 발표돼 충격을 주었다.

지금까지 드론은 적진의 후방에 몰래 침투해 목표물을 파괴하는 군사 목적으로만 활용되고 있었다. 군사용 드론의 대표적 수출국인 이스라엘에서 개발되어 운용 중인 드론은 모기 크기에서 왜가리 크기까지 사이즈가 다양하다. '헌터 드론'은 감시, 정찰, 표적 획득, 포격 조정, 피해 평가를 주 임무로 하는 중형 전술 드론이다. '헤런 드론'은 중고도용 체공 드론으로 250kg의 폭탄과 80리터의 연료를 탑재하고 52시간 동안 계속 비행할 수 있다. '팬더Panther'는 수직 이착륙할 수 있는 고정익固定翼, 공중 정지 비행(호버링), 틸트로터 프로펠러 능력을 가진 전천후 드론이다. 무게는 65kg이며 대략 6시간 동안 1만 피트 상공에 체공할 수 있다.

군사 목적으로 시작해 수십 년간 줄곧 군사용으로 발전해온 드론이 민간 영역으로 넘어오면서 다양한 변화가 시도되고 있다. 여러 가지 강점을 가진 드론들이 민간 분야의 다양한 요구와 만나면서 활용처가 넓어지고 다양해졌다. 공공 분야는 드론이 군사용 외에 제일 먼저 활용되기 시작한 곳으로 재해 및 재난 구조 활동, 산불 감시 및 진화, 적조 감시, 지형 및 시설물 촬영, 방제·방역, 기상 자료 수집 등 다양한 영역에서 활용되고 있다.

아마존, 구글 등 글로벌 기업들은 상업용 드론 서비스를 급속도로 추진하고 있다. 아마존은 물류센터에서 16㎞ 거리까지 30분 이내 배달을 목표로 택배용 드론의 상용화를 목전에 두고 있다. 상업용 드론 라이선스 발급이 상대적으로 쉬운 나라에서 먼저 서비스를 시작하는 것을 고려 중이다. DHL은 독일에서 드론을 이용한 교외 지역 배송을 추진 중이다. 배송함에 물품을 적재한 뒤 입력된 비행경로를 따라 자동으로 비행한다. 구글은 호주에서 배달 프로젝트의 시험비행에 성공했다고 발표했다. 드론이 입력된 목적지를 향해 자동비행을 하고, 도착하면 물품을 떨어뜨리는 방식이다. 중국의 알리바바는 타오바오의 배송 이벤트에 드론을 활용했다. 베이징, 상하이 등 대도시 거주 고객 450명을 선정해 드론을 이용해 배송했다.

드론과 다른 기기를 융합하는 기술도 새롭게 떠오르는 분야 중 하나다. 르노자동차는 지난해에 드론을 장착한 콘셉트 카를 선보였다. 드론이 차량 천장에 붙어 있다가, 필요 시 주변을 정찰하고 사진이나 동영상을 찍는다. 드론 조종은 차량 내 대시보드로 한다. 교통 체증 상황을 파악하고 주의해야 할 사항이 생길 경우 운전자가 드론을 활용할 수 있다. 자동모드와 운전자가 드론을 제어하는 수동모드 둘 다 지원한다.

국토교통부는 중국 DJI사와 협약을 맺고 공항 반경 2km 이내에서 드론 비행이 차단되는 프로그램을 인천공항, 김포공항 등 국내 15개 공항에 설치했다고 밝혔다. DJI는 취미용과 항공촬영용인 팬텀 시리즈 드론을 공급하는 업체로, 국내 드론 시장 점유율 1위이다. 미국에서는 지난해

3월부터 11월까지 9개월간 드론이 항공기에 193회나 근접한 사례가 보고되기도 했다. 이번 조치는 드론이 항공기에 위협을 주고 있다는 반증이며 드론 사용이 점차 민간으로 확대되고 있음을 보여주는 사례이기도 하다.

생활의 편리함과 안전성은 드론이 민간 영역에서 활성화되기 위해 반드시 잡아야 할 두 마리 토끼다. 사람들이 드론 활성화에 거부감을 느끼는 것은 안정성에 대한 불안감 때문이다. 특히 우리나라처럼 남북대치 상황과 테러 위협이 상존하는 나라에서는 더욱더 그렇다. 그러나 드론 관련 산업에서 선진국에 뒤처지지 않으려면 충돌회피 시스템, 비행 차단 제어 등 첨단기술을 활용해 드론의 안전성을 계속 보강해나가야 하고, 드론 활성화를 위해 여러 가지 법적 규제의 조속한 개정이 필요하다. 집집마다 드론을 몇 대씩 보유하고 드론이 애완견처럼 항상 따라다니면서 인간에게 안전과 편리함을 제공하는 '드론 시대'가 성큼 다가왔다.

05. 언택트 시대

2020년 3월 방탄소년단은 유튜브 공식 채널 'BANGTANTV'를 통해 온라인 공연 '방에서 즐기는 방탄소년단 콘서트(방방콘)'를 개최했다. 약 24시간 동안 조회수 5,059만 건을 기록했고 최대 동시 접속자 수는 224만 명을 돌파했다.

CGV는 CGV여의도를 '언택트 시네마'로 새롭게 선보였다. '언택트 시네마'는 다양한 첨단기술을 통한 비대면 서비스를 기반으로 사람과 접촉하지 않고도 간편하게 극장 시설을 이용할 수 있는 신개념 영화관이다. CGV여의도에서는 '픽업박스' '팝콘 셀프바' '스마트체크' '체크봇' 등 다양한 비대면 서비스를 제공하고 있다.

신종 코로나바이러스 감염증(코로나19)의 세계적 확산으로 '언택트untact 세상'이 본격화하고 있다. 한곳에 모여 콘서트를 즐기는 대신 유튜브로 언택트 공연을 보고, 극장에 가는 대신 OTT 플랫폼으로 영화를 보는 것이 자연스럽다. 스포츠도 무관중으로 경기를 하고 예술문화 공연도 온라인으로 한다.

지식백과에서 검색해보면 '언택트'는 접촉을 뜻하는 '콘택트contact'에 부정·반대를 뜻하는 '언un'을 붙인 신조어라고 나온다. 언택트 소비는 소비자와 판매자가 직접 만날 필요가 없는 소비 패턴을 말한다. 언택트는 '뉴트로(새로운 복고)'처럼 한국에서 만들어진 단어다. 언택트라는 용어는 지금까지 잘 쓰이지 않다가 코로나 사태 이후 사용이 급격하게 늘어났다. 해외에서는 비대면 서비스를 '노콘택트no-contact' 또는 '제로 콘택트zero contact'라고 한다. 비접촉을 뜻하는 영어 단어 '논콘택트noncontact'도 있다.

코로나19 예방을 위해 재택근무와 사회적 거리두기가 일상이 되면서 언택트 소비는 급격히 증가하고 있다. 산업통상자원부의 자료에 따르면 코로나 이전 대비 온라인 매출액은 34.2%가 늘었고 오프라인 매출액은 7.5%가 줄었다. 통계청이 발표한 자료에 따르면 2021년 2분기 온라인 쇼핑 거래액은 46조 8,885억 원으로, 지난해 같은 기간과 비교해 25.1% 증가했다. 6월 기준으로 온라인 쇼핑 거래액은 15조 6,558억 원으로 집계되었으며, 지난해 같은 기간과 비교해 23.5% 늘었다.

코로나 이전 대비 음식 배달 서비스와 식료품 거래액은 각각 크게 늘었다. 가전·전자·통신 기기도 상승폭이 컸다. 코로나로 인한 거리두기가 끼친 영향이다.

코로나19는 배달과 가정 간편식HMR 등 푸드테크 수요를 급증시켰고, 최근에는 식사뿐만 아니라 '홈카페' '홈술' 등 기호식품을 즐기는 사람들이 많아지면서 관련 수요도 크게 증가하는 추세다. 통계청에 따르면 식음료의 온라인 쇼핑 거래액은 코로나 이전 대비 약 71%가 증가한 것으로 나타났다. 2021년 6월 배달음식은 1조 9,722억 원어치를 주문해 코로나 이전 대비 60.6% 늘었고, 간편조리식·식재료 등 식품 주문 매출(2조 2,516억 원)도 코로나 이전에 비해 49.7% 늘었다.

구독경제도 활발해지고 있다. 글로벌 1위 온라인 동영상 서비스OTT 업체 넷플릭스는 코로나19 사태로 최대의 수혜를 받은 기업이 되었다. 2021년 6월 기준으로 넷플릭스의 가입자 수는 2억 900만 명, 디즈니플러스는 1억 360만 명이다. 아마존은 코로나19로 급증한 배송 물량을 소화하기 위해 10만 명을 고용했고 이어 7만 5,000명의 추가 고용 계획을 발표했다.

《월스트리트저널Wall Street Journal》은 미국영화협회MPA 자료를 인용해 2020년 넷플릭스를 비롯한 OTT 가입자가 11억 명에 도달했다고 보도했다. 전 세계 OTT 가입자가 코로나 이전에 비해 약 26% 증가한 수치로, 미국의 경우 3억 860만 명으로 약 32%나 증가했다.

보스턴컨설팅그룹은 글로벌 OTT 시장 규모가 2022년에는 1410억 달러(약 165조 4,000억 원)로 확대될 것으로 내다봤다.

온·오프라인을 막론하고 언택트 소비는 크게 증가하고 있다. 언택트 소비가 코로나로 인한 일시적인 현상이 아닌 하나의 트렌드로 자리 잡아 가는 모양새다. 포스트코로나 시대에는 교육, 의료 분야의 언택트 소비도 크게 증가할 것으로 예상된다. 그러나 관련 규제가 발목을 잡고 있어서 기업과 소비자들은 보다 폭넓고 신속하게 규제가 해소되기를 희망하고 있다.

코로나19로 2020년 2월 말부터 원격의료가 한시적으로 허용되었다. 이에 따라 고령층이나 만성질환자가 병원에 가지 않아도 의사에게 진료를 받고 택배로 약을 수령하는 등 원격의료의 편리함을 체감하는 국민이 늘면서 규제 완화 및 도입 요구가 점차 높아지고 있다.

전국 모든 대학과 초중고가 코로나19로 인해 일시적으로 원격수업을 시작했지만, 향후 원격교육이 확산하려면 과도한 규제를 해소해야 한다. 대형 마트와 백화점은 코로나19로 상당한 매출 손실을 겪고 있다. 또한 한 달에 두 번 의무휴업을 해야 하고 영업시간 외의 온라인 주문 배송이 금지되면서 지나친 규제라는 불만의 소리가 높아지고 있다.

네트워크 슬라이싱 도입 필요성도 제기되고 있다. 네트워크 슬라이싱은 네트워크를 여러 개로 분리해 각 서비스의 특성에 따라 맞춤형으로 제공하는 기술이다. 한국은 망 중립성 규정 때문에 네트워크 슬라이싱이 불가능하다. 그러나 언택트 서비스들이 많아지면서 안정적인 네트워크 운영을 위해서는 네트워크 슬라이싱이 필요하다는 지적이다.

코로나19가 퍼지면서 대면 접촉 없이 상품을 구매하는 온라인 쇼핑, 배달, 온라인 협업도구, 온라인 강의, 원격의료 등 다양한 분야의 언택트 기술이 확산되고 있다. 이 과정에서 클라우드 컴퓨팅, 인공지능, 로봇, 사물인터넷, 푸드테크, 핀테크, 빅데이터, 에듀테크 등 다양한 4차 산업 기술들이 활용되고 있다.

포스트코로나 시대의 언택트 소비는 사회 전반에 적지 않은 변화를 가져올 전망이다. 또한 언택트 소비가 온라인과 모바일에 익숙한 젊은 소비층뿐만 아니라 국민 모두에게 확장될 것이다. 코로나19가 촉발한 언택트 세상! 과감한 규제 개혁을 통해 첨단기술의 발전과 함께 4차 산업을 성장시킬 수 있는 새로운 도약의 기회로 삼아야 할 것이다

PART 4

새로운 세상으로의
진입

01. '블랙스완'으로 시작된 디지털 뉴노멀

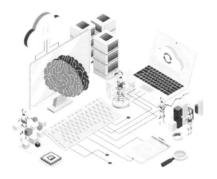

　　코로나19의 세계적 확산으로 뉴노멀New Normal 시대가 본격적으로 열리고 있다. 뉴노멀은 시대변화에 따라 새롭게 부상하는 경제질서로, 경제위기 이후 5~10년간의 세계경제를 특징짓는 현상이다. 대규모 경제위기 이후 과거에 대해 반성하고 새로운 질서를 모색하는 시점에 주로 사용한다.

　　다시 말해 뉴노멀은 2008년 글로벌 금융위기 이후의 세계경제 질서를 통칭하는 것으로, 2003년 IT 버블이 붕괴된 직후 미국의 벤처투자가 로저 맥나미Roger McNamee가 처음 사용한 용어다. 이후 핌코의 최고경영자 모하메드 엘 에리언Mohamed El Erian이 그의 저서 《새로운 부의 탄생》에서 세계경제가 저성장, 저금리, 저물가 등을 특징으로 하는 새로운 시대로 돌입했음을 의미하는 용어로 사용하면서 세상에 알려졌다.

　　'블랙스완Black Swan'은 도저히 일어날 것 같지 않은 일이 일어나는 것을 의미하는 용어로 월 가의 투자전문가인 나심 니콜라스 탈레브Nassim Nicholas Taleb가 저서 《검은 백조The black swan》를 통해 서브프라임 모기지 사태를 예언하면서 알려지기 시작했다. 1697년 호주 대륙에서 검은 백조가 발견되기 전까지 유럽인들은 모든 백조는 흰색이라고 굳게 믿었다. 이때 이후로 '존재하지 않을 거라고 생각되거나 불가능하다고 인식된 상황이 실제로 발생하는 것'을 가리키는 용어로 사용되었다.

탈레브는 블랙스완은 "과거의 경험으로 확인할 수 없는, 기대 영역 바깥쪽의 관측값으로, 극단적으로 예외적이어서 발생 가능성에 대한 예측이 불가능하지만 일단 발생하면 엄청난 충격과 파장을 가져오고 발생 후에야 적절한 설명이 가능해지는 사건"이라고 정의했다. 그의 경고처럼 2008년 글로벌 금융위기가 발생하면서 그의 주장은 주목을 받게 되었다.

코로나19로 파생된 팬데믹pandemic(감염병 대유행) 공포는 이제껏 우리가 보지 못했던 블랙스완 중의 블랙스완을 목격하게 하고 있다. 저성장, 저소비, 높은 실업률, 비대면, 온라인화, 고위험 등이 이번 블랙스완 이후 세계경제에 나타날 뉴노멀로 논의되고 있다. 또한 블랙스완은 20세기 중반 이후 전 세계를 지배한 '글로벌화globalization'의 종말을 예고하고 있다. 세계 각국은 팬데믹 공포로 모든 빗장을 잠가버렸다. 보호무역주의와 탈글로벌화는 자유무역에 기반한 한국 경제에 큰 위기 요인 중의 하나가 될 전망이다.

코로나19 예방을 위해 재택근무와 사회적 거리두기가 일상이 되면서 비대면 소비가 급격히 증가하고 있다. 미국에서는 올 1분기에만 40만 명이 넘는 가입자가 케이블방송을 이탈했다. 가입자 마음대로 시청할 수 있는 온라인 스트리밍 서비스로 옮겨갔기 때문이다. 코로나19는 이런 코드커팅cord-cutting(선 자르기) 현상을 더욱 부추기고 있다.

코로나19가 가져온 코드커팅 시대는 계속 이어질 것으로 전망된다. 블랙스완으로 시작된 변화는 이미 새로운 변곡점이 되었고, 우리 경제와 사회는 다음 단계, 즉 뉴노멀 시대로 한 단계 더 나아가야 한다. 뉴노멀 시대에 맞게 과거를 코드커팅하고 새로운 도약을 준비할 때다. 코로나가 가져온 뉴노멀은 디지털 분야에서 더욱 두드러지게 나타나고 있다.

정부는 는 디지털 뉴딜과 그린 뉴딜을 두 축으로 하는 '한국판 뉴딜'에 총 76조 원을 투자해 코로나19로 발생한 경제위기와 기후위기를 극복하고 새로운 일자리를 만들겠다고 밝혔다. 디지털 뉴딜의 하나로 데이터 활용을 최대한 활성화하기 위해 '데이터 댐'을 만들겠다는 구상이다. 프랭클린 루스벨트 미국 대통령이 실시한 대규모 토목사업이었던 '후버 댐'에 비유한 것이다.

뉴딜 정책은 1933년 미국의 루스벨트 대통령이 대공황을 타개하기 위해 Relief(구제), Recovery(부흥), Reform(개혁)을 표방하는 '3R'을 내세우면서 시행한 정책이다. 긴급은행법 제정, 금본위제 폐지 등 과감한 규제 개혁과 일자리 창출을 위한 대규모 공공사업을 병행한 것이 핵심이다.

한국판 디지털 뉴딜 정책이 성공하려면 사고의 대대적인 전환이 필요하다. 규제 개혁과 혁신을 통해 창조적 파괴의 선도자로 변화해야 한다. 관계자들 간의 이해가 엇갈려 혁신이 좌초한다면 디지털 뉴딜은 지속적인 사업으로 발전하지 못하고 1회성에 그치고 말 것이다. 정부는 이미 공유경제의 해법을 이해 당사자들끼리 알아서 합의해 오기를 권했었다. 그러나 감염병 위기의 순간에도 원격의료 관련 정책을 타결하지 못한 전례가 있다.

코로나19가 촉발한 새로운 디지털 뉴노멀 시대는 대한민국이 디지털 중심으로 산업구조를 개편하고 전 세계의 리더로 성장할 수 있는 좋은 기회다. 과감한 규제 개혁과 한국판 디지털 뉴딜 정책을 통해 경제위기를 극복하고 다시한번 도약할 수 있는 새로운 계기를 만들어야겠다.

02. FAANG의 성공은 거품인가?

　　세계 정보통신기술ICT, Information and Communications Technology 시장에서 가장 잘나가는 미국 5대 기업을 가리켜 FAANG(페이스북 Facebook, 애플Apple, 아마존Amazon, 넷플릭스Netflix, 구글Google의 알파벳 첫 글자를 합친 말)이라고 한다. 현재 FAANG은 세계 IT 시장뿐만 아니라 세계경제를 주도해나가고 있다. FAANG의 시가총액은 상상을 초월한다. 애플의 시가총액만 2조 달러 안팎으로, 한국의 코스피와 코스닥의 시가총액을 합친 것보다 많다.

　　FAANG은 대부분 '블루오션'에 집중한 사업을 하고 있다. 블루오션은 시장을 창출하기 위해서 '가치 혁신'에 집중하는 것을 의미한다. FAANG은 고객이 원하는 가치에 집중해 기존에 존재하지 않았던 새로운 시장을 개척했다. 이들은 공통적으로 자사의 서비스를 통해 고객들에게 새로운 가치를 실현해주는 데 집중했는데, 이것이 바로 플랫폼 비즈니스다.

　　플랫폼 비즈니스는 플랫폼이 가치 창출과 이익 실현의 중심이 되는 비즈니스 모델로, 특정 시장의 독립적인 경제권을 만들고 그 안에서 구성요소 간 상호작용을 일으키는 비즈니스 모델이다. 참여자의 수가 늘어날수록 플랫폼이 더욱 활성화되며, 네트워크 효과로 인한 선순환이 발생한다.

또한 FAANG은 인터넷이라는 광활한 영토를 기반으로 기존 국가보다 더 강력한 새로운 형태의 국가를 만들어가고 있다. 이들의 영향력은 이미 다수의 국가들을 넘어섰다. 페이스북의 월간 사용자는 26억 명에 육박하고 구글의 월간 사용자는 20억 명에 이른다. 이들 두 기업의 월간 사용자 수를 합하면 인구 14억 명의 중국과 13억 명의 인도를 뛰어넘는 수준이다.

FAANG 5개 기업은 코로나 발생 이후 더욱더 큰 영향력을 행사하고 있다. 이들은 언택트 빅테크 서비스를 제공하는 플랫폼 기업들이다. 실제로 코로나 발생 이후에 가입자 수가 더 증가하고 전체 사용량도 큰 폭으로 늘었다.

FAANG의 영향력은 증권시장에서도 고스란히 나타난다. 증권업계 관계자들은 FAANG이 지수에 미치는 영향력이 그 어느 때보다 커진 상황이라고 분석했다. 실제 FAANG 5개 기업의 시가총액을 다 합치면 세계 3위 경제 대국인 일본의 국내총생산GDP을 뛰어넘고 미국 나스닥 시장의 40%에 육박하는 엄청난 가치다.

최근 미국 증시에서 블로오프톱Blow-off top이 화제가 되고 있다. 블로오프톱은 주식 교과서에 나오는 기술적 분석 용어 중 하나로, 주가가 가파르게 상향곡선을 그리다가 정점을 찍자 마자 급락하는 현상을 의미한다. 주식시장에서 블로오프톱은 거품 붕괴 직전 마지막으로 타오르는 불꽃과 같은 의미로 사용된다.

많은 전문가들은 머지않아 미국 증시에 급락이 뒤따를 거라고 경고한다. 현재의 주가 급등은 경제 전망이 좋아서가 아니라 연방준비위원회가 돈을 엄청나게 많이 풀었기 때문이라는 주장이다. 1929년의 대공황 직전에도 비슷한 일이 벌어졌다는 주장으로, 인위적인 경기 부양은 언젠가 그만한 대가를 치러야 한다는 것이다.

그러나 반대의 주장을 하는 전문가들도 있다. 무엇보다 FAANG으로 대표되는 4차 산업 관련 기업들이 실질적인 산업지도를 바꾸고 있고 그에 따른 기대감이 현재의 주가 상승의 주된 요인이라는 것이다. 기존 굴뚝 산업과는 전혀 다른 신부가가치 산업과 일자리 창출로 대세 상승이 이어질 거라는 기대감이다. 결국 미국 증시가 블로오프톱이냐 아니냐는 FAANG 5개 기업이 시장의 기대만큼 성과를 내느냐 못 내느냐에 달려 있다는 것이다.

FAANG으로 대표되는 4차 산업 관련 기업들이 지나치게 고평가되어 있다고 주장하는 전문가들은 지금의 현상을 1990년대 말의 닷컴버블과 유사한 '거품경제'로 보고 있다. 코로나로 인한 비대면 바람을 타고 덩치가 큰 FAANG의 고공행진은 어느 정도 인정할 여지가 있지만 지나치게 과대 평가되어 있다는 것이다.

가장 대표적인 거품경제가 19세기 금광시대Gold Rush이다. 그 시기에 많은 사람들이 금을 캐기 위해 미국 서부로 모여들었다. 전 세계에서 30만 명 이상이 미국 캘리포니아로 이주했다. 하지만 정작 금을 캐서 돈을 번 사람은 거의 없었다. 오히려 채굴에 필요한 장비나 청바지 등의 물품을 파는 사람들이 더 돈을 벌었다. 금광 산업은 당초의 기대에 미치지 못한 일종의 거품경제였던 것이다. 그러나 금광시대의 거품경제는 미국의 철도산업 발전과 공업화에 기여하면서 미국 번영의 원동력이 되었다.

1990년대 후반에는 미국에 닷컴버블(인터넷 거품경제)이 일었다. 많은 인터넷 기업들이 수익모델 없이 우후죽순 등장했다가 사라졌다. 하지만 이 당시에 인터넷 서비스를 제공하기 위해 필요한 시스템, 네트워크, DB, SW 등 관련 IT 산업이 크게 성장하면서 IT가 산업의 주축이 되어 세계경제의 발전을 이끌었다.

닷컴버블 외에도 지금까지 크고 작은 수많은 거품경제가 세계경제를 이끌고 있다. 금융, 반도체, 그린 에너지 등이 그것이고, 지금은 FAANG으로 대표되는 빅테크 기업들로 인한 거품경제가 크게 일어나고 있는 것이다. 지금까지 그래온 것처럼 거품경제가 일어날 때마다 전 세계는 그것에 맞춰 관련 산업을 확대시키며 새로운 성장동력을 만들어낼 것이다.

거품경제 논란에도 불구하고 FAANG으로 대변되는 글로벌 초거대 플랫폼들이 코로나19 이후 더욱 성장 가속 페달을 밟고 있다. 특히 국경선이 없는 디지털 인터넷 세상에서 초연결의 범위와 속도는 지금까지 인류가 경험해본 적 없는, 상상을 초월하는 수준으로 발전하고 있다. 반면에 FAANG 기업들 대부분이 독과점과 불공정 거래로 지구촌 곳곳에서 물의를 빚고 있기도 하다.

코로나19에 따른 언택트 생활 확산으로 온라인 플랫폼에 대한 의존도가 더욱 높아진 만큼 FAANG은 기존 비즈니스 모델에서 벗어나 금융, 모빌리티 등 다양한 분야로 사업을 적극적으로 확장하고 있다. 이들의 도전은 과거와는 그 정도가 다르며, 금융 같은 새로운 산업으로의 진출이 성공한다면 그것은 산업의 재편을 의미할 것이다. FAANG이 거품경제 논란을 종식하고 우리 시대의 진정한 리더가 되기를 기대해본다.

03. 성큼 다가온 우주

　　2018년 2월 7일, 민간 우주기업 스페이스X가 제작한 팰컨헤비 로켓이 발사되었다. 이날 팰컨헤비는 마네킹 '스타맨'이 탄 테슬라 전기차 '로드스터'를 우주로 쏘아보냈다. 스페이스X와 테슬라모터스의 창업자인 일론 머스크는 "전기차를 달을 넘어서 화성까지 쏘겠다"라고 선언한 바 있다. 팰컨헤비 로켓 발사는 이 선언을 실천에 옮긴 행동이었다. 스타맨과 로드스터는 반년 동안 태양과 화성 사이의 궤도로 이동했다.

　　아마존의 제프 베조스도 민간 우주여행 시대를 열어가고 있다. 제프 베조스가 소유한 블루 오리진이 개발하고 있는 '뉴셰퍼드 호'는 대기권과 우주를 오가는 최초의 관광 로켓이 될 전망이다. 관광객을 태우고 우주에 다녀올 수 있도록 수직 이착륙 기술도 이미 개발을 마쳤다. 뉴셰퍼드 호의 우주여행 경비는 1인당 약 20만 달러가 될 것으로 예상하고 있다.

　　버진그룹의 리처드 브랜슨 회장도 우주여행 시대를 준비하고 있다. 2014년 10월 우주여행 시험비행 도중 버진 갤럭틱 사의 엔터프라이즈 호가 추락하는 사고를 겪었지만, 최근 기술적인 문제를 해결하고 우주여행을 다시 준비 중이다. 버진 갤럭틱 사의 우주여행 티켓 가격은 25만 달러다.

일론 머스크가 이끄는 민간 우주기업 스페이스X는 2021년까지 550km 상공의 지구 저궤도에 소형 위성 약 1만 2,000여 기를 쏘아올려 지구 전역에서 사용할 수 있는 초고속 위성 인터넷 서비스를 구축하는 '스타링크' 사업을 진행하고 있다. 스페이스X는 2021년 3월에만 소형 위성을 총 240대 발사했다. 2018년 5월 첫 발사 이후 2020년 말까지 총 16회 발사했다. 스페이스X는 발사 때마다 약 60기의 위성을 쏘아올려 현재 1,300기가 넘는 위성이 저궤도에 안착해 있다.

스페이스X가 전기차를 실어 우주로 쏘아 보낸 팰컨헤비 로켓은 지금까지 만든 로켓 중 가장 강력한 로켓이다. 팰컨헤비는 27개의 엔진을 탑재해 보잉 747 여객기 18대를 합친 강력한 엔진 추진력을 자랑한다. 팰컨헤비는 64t 정도의 짐을 싣고 지구 궤도를 벗어날 수 있다.

지금까지 만들어진 가장 강력한 로켓은 1973년에 발사된 새턴V로 발사 비용이 약 10억 달러였다. 9,000만 달러의 발사 비용이 든 팰컨헤비의 11배가 넘는다. 팰컨헤비의 강점은 부스터를 모두 회수한다는 것이다. 3개의 부스터 중 양쪽 부스터는 발사 후 8분 뒤 발사 장소로 돌아와 안착하고, 중앙 부스터는 인양선으로부터 100m 떨어진 바다에 정확히 떨어진다. 부스터를 재사용하는 만큼 스페이스X는 발사 비용을 크게 줄일 수 있었다.

스페이스X는 팰컨헤비보다 큰 초대형 로켓 빅 팰컨헤비 로켓BFR 개발도 추진 중이다. 화성에 사람들을 수송하기 위한 로켓이다. BFR에 탑재할 우주선도 시험 비행하고 있다. 또한 스페이스X는 민간 우주여행 시대를 열겠다는 목표로 얇으면서도 튼튼한 우주복을 선보이고, 전문 조종사가 아니어도 우주에서 지낼 수 있게 하는 연구에도 매진하고 있다.

스페이스X, 블루 오리진, 버진 갤럭틱이 우주여행 프로젝트를 현실 가능하게 만들면서 우주개발의 민간 시대가 활짝 열리고 있다. 미국에서는 스페이스X가 화성을 향한 대형 로켓 발사를 성공시키면서 우주개발이 더 이상 미국항공우주국NASA만이 할 수 있는 영역이 아님을 보여줬다고 평가한다. 그간 미국, 러시아, 중국 등 주요 국가들이 주도하던 우주개발에 민간기업의 참여가 본격화되면서 우주개발에도 민간 주도의 경쟁이 시작된 것이다.

머스크나 베조스 등 여러 민간 기업의 수장들이 우주개발에 집중하는 이유는 우주개발을 통해 얻은 기술로 다양한 산업에서 파급 효과를 낼 수 있기 때문이다. 경제협력개발기구OECD에 따르면 우주개발 기술의 경제적 파급효과는 투자 비용의 8배에 이른다고 한다. 우리가 사용하는 제품 중에는 NASA 등의 우주개발 기술로 만들어진 제품이 의외로 많다. NASA는 한 해 평균 1,500개 이상의 기술을 민간에 이전하며 매우 적극적으로 우주기술을 이전하고 있다.

대표적인 예가 진공청소기다. 진공청소기는 달 탐사 시 땅에 있는 돌 등을 쉽게 채취하기 위해 개발한 기술로 만들어졌다. 우주선을 열로부터 보호하기 위해 만든 단열재도 집을 짓는 데 필수적으로 사용되고 있다. 자동차 에어백의 순간 작동에는 로켓 점화 기술이 사용되었고, 등산복에 많이 쓰이는 고어텍스 원단은 우주복의 소재다. 자동차 내비게이션과 스마트폰 지도, 선박, 항공기 등에 사용되는 GPS도 우주기술이다. 귀 체온계는 적외선으로 별의 온도를 측정하던 기술을 응용한 것이다. 브래지어의 모양 유지 기술(형상기억합금), 운동화의 에어쿠션, 메모리 폼도 모두 우주기술로 만들어졌다.

민간기업의 가장 큰 강점은 빠른 기술개발과 저렴한 투자비용이다. 속도 면에서 민간기업과 정부 주도의 NASA의 차이는 뚜렷하다. NASA가 목표로 한 인류의 화성 도착 시기는 2030년이다. 반면 스페이스X는 2024년부터 인류를 화성으로 보낸다는 목표를 잡고 있다. 스페이스X는 지난 한 해 동안에만 18회나 로켓을 발사하면서 NASA를 능가할 정도의 발사 기술을 이미 갖추었다. 발사 비용도 NASA의 10분의 1 정도로 저렴하다.

그동안 미국 정부는 엄청난 돈을 들여 우주기술을 개발해왔다. 해마다 평균 약 40조 원 이상을 우주개발에 투자했는데 그에 비해 돌아오는 경제적 성과는 적어서 미국 내에서도 부정적인 시각이 많다. 〈워싱턴포스트The Washington Post〉에 따르면 트럼프 정부는 2024년 이후 국제우주정거장ISS 운영을 민간기업에 맡기는 계획을 추진했다고 한다. 향후 정부 주도의 우주개발보다는 민간 주도의 우주개발을 추진하겠다는 정책을 세운 것으로 보인다. 앞으로 본격적인 민간 우주개발 시대가 성큼 다가올 것으로 기대된다.

우리나라의 우주개발 예산은 일본과 중국의 10분의 1에도 못 미치는 것이 현실이다. 여기에 민간기업의 우주개발 참여가 점차 늘어나면서 앞으로 산업 전반에 걸쳐 다양한 파급효과가 나타날 것으로 보인다. 우리나라도 기술·경제적 파급 효과를 정확히 분석한 후 민간 주도의 우주개발 시대에 대비하는 자세가 필요하다. 또한 민간기업들이 우주항공 분야에서도 기술개발을 주도할 수 있도록 과감한 개방과 함께 민간 우주개발을 적극 육성해야 한다.

04. 탄소배출 제로 시대

소고기 1kg을 얻기 위해 배출되는 이산화탄소 양은 약 27kg에 달한다. 쌀이나 콩 같은 곡물 1kg을 얻는 데는 이산화탄소 약 2.5kg이 배출된다. 고기가 곡물에 비해 20배 이상의 이산화탄소를 배출하는 셈이다. 전 세계 약 15억 마리의 소가 발생시키는 이산화탄소는 한국, 독일, 영국, 일본, 이탈리아, 스페인, 호주, 브라질 8개 국가가 발생시키는 이산화탄소보다 많다. 또한 소고기 1kg을 얻으려면 사료 7kg이 필요하고 물은 15.5t이 필요하다. 인류는 고기를 얻기 위해 엄청난 에너지를 중복 사용하고 있는 것이다.

많은 전문가들이 환경파괴의 주요 원인 중 하나로 현대인들의 늘어난 육류 소비를 지적한다. 그런 맥락에서 식물성 재료로 만들어 고기를 대체하는 '대체육' 푸드테크가 앞으로 지구를 지키는 중요한 시장이자 대표적인 기후테크 분야가 될 것으로 본다. 미국소비자기술협회CTA는 2020년 주요 기술 트렌드로 대체육을 꼽았다. 식물성 대체육 업체인 임파서블 푸드, 비욘드 미트, 햄튼크릭 푸드, 돈리팜스 등의 인기가 높아지고 있고, 국제 시장조사 전문기관 유로모니터에 따르면 세계 대체육 시장은 2023년까지 약 27조 원 규모로 커질 전망이다. 대체육의 선두주자인 미국의 임파서블 푸드는 기업가치가 약 4조 6,500억 원에 달하는 기업으로 성장했다.

최근에는 탄소배출량 '제로'라는 목표를 위해 기업가 정신을 발휘하는 '기후테크' 기업들이 속속 성장하고 있다. 기후테크란 이산화탄소 배출량을 줄여 지구온난화의 해법을 연구하는 기술을 말한다. 기후테크 기업으로는 축산업을 대신할 대체육 기업, 친환경 에너지 기업, 내연기관을 대체하는 전기·수소 기업 등이 대표적이다.

기후변화에 대한 불안감이 증가하면서 기후테크 분야에 대한 투자가 크게 증가하고 있다. 컨설팅업체 프라이스워터쿠퍼스PwC에 따르면, 기후테크 분야의 투자는 2013년 약 4,820억 원에서 2019년 약 18조 5,500억 원으로 크게 증가했다. 기후테크 분야의 투자 증가율은 인공지능 분야의 투자 증가율보다 3배 정도 높다. 2020년대 이후 기후테크가 벤처 투자의 새로운 기준이 되고 있는 것이다. 기후테크 스타트업 중 가장 많은 투자를 유치한 분야는 전기차 등을 포함한 모빌리티 기업들이다. 2013년부터 2019년까지 전체 투자액의 63%를 차지했다. 그다음으로는 대체육을 포함한 푸드테크 분야에 많이 투자되고 있다.

미국 피닉스 인터내셔널은 전력 공급이 원활하지 않은 개발도상국을 위해 태양열이나 수동으로 전력을 공급할 수 있는 자가발전 시스템을 개발했다. 12볼트 규격의 '레디셋 배터리'를 사용하는데, 태양열 전지판, 자전거 발전기 등 다양한 발전기기를 이용해 수시로 충전할 수 있다. 레디셋 배터리는 태양열 전지판과 함께 약 150달러에 판매될 예정이다. 핸드폰을 충전하는 데 태양열 전지판으로는 하루, 자전거 발전기로는 5분이 걸린다고 한다. 전문가들은 개발도상국들에 핸드폰 보급이 늘면서 관련 수요가 증가할 것으로 전망하고 있다.

비료가 적게 쓰이는 농작물을 개발하는 미국의 팜테크 스타트업 인디고 애그리컬처Indigo Agriculture는 시가총액 30억 달러 규모의 대형 미생물 농약회사로 발전했다. 인디고 애그리컬처는 미생물 농약을 코팅한 쌀과 밀 종자를 생산한다. 농작물별 빅데이터를 축적하고 그것을 기반으로 특정 종자 개발에 필요한 미생물의 종류를 결정한다. 2017년 출시한 '인디고 밀'은 일반 밀에 비해 수확량이 8.3% 이상 많고 병충해에 강하며 건조한 기후에서도 잘 자란다. 인디고 애그리컬처는 버드와이저와 장기 공급 계약 파트너십을 체결하고 미생물 농약을 코팅한 쌀을 전량 공급하고 있다. 또한 무인항공기와 위성으로 매일 1조 개의 농작물 빅데이터를 축적하고 있다. 인디고 애그리컬처는 올해에만 5억 달러를 추가로 투자 유치했다.

지구온난화 등 급격한 환경변화로 인해 전기차 시장도 크게 성장하고 있다. 세계 각국에서 지구온난화 문제에 대한 경각심이 높아짐에 따라, 자동차 관련 규제가 강화되고 자동차산업의 패러다임이 전환되고 있다. KDB 미래전략연구소에 따르면 전기차 시장은 최근 5년간 연평균 45%의 성장률을 보이고 있다. 2020년 글로벌 승용차 기준 전기차 판매량은 312만 대, 배터리 판매량은 141기가와트시GWh였다. 시장조사업체 트렌드포스의 전망에 따르면, 2021년 전기차 판매량은 435만 대로 작년보다

40% 증가할 것으로 예상된다.

이 수치는 2025년 1,296만 대, 908GWh로 급증하고, 2030년에는 3,288만 대, 2,630GWh에 달할 것으로 예상된다. 10년간 전기차 판매량은 약 11배, 전기차 배터리 수요는 19배 폭증할 것으로 전망하고 있다. 현대기아차는 올해 6월까지 글로벌 시장에서 전기차 판매량 약 3만 대를 기록하며 세계 6위를 차지했다. 테슬라는 21만 대를 판매해 1위 자리를 굳혔다.

전기차 시장이 성장하면서 핵심 부품인 배터리 시장 역시 성장세를 지속하고 있다. 에너지 시장조사기관 SNE리서치에 따르면, LG에너지솔루션은 2021년 상반기 세계 전기차 배터리 총량 114.1GWh 중 24.5%를 차지해 중국 CATL(29.9%)에 이어 2위를 기록했다. 삼성SDI와 SK이노베이션은 각각 5.2%로 5, 6위를 차지했다.

블룸버그 뉴에너지 파이낸스는 전 세계 전기차 시장이 2030년까지 연평균 20% 이상 커질 것으로 전망했다. 특히 네덜란드·노르웨이는 2025년까지, 중국·독일·이스라엘 등은 2030년까지 내연기관을 사용하는 신차 판매를 중단하기로 한 상황이다. 서울시도 2035년부터 휘발유와 경유를 사용하는 내연기관 자동차의 등록을 허가하지 않기로 했다. 2025년에 하이브리드 차량도 포함할 경우 전기차의 시장 점유율은 약 26%로 크게 성장할 전망이다.

그러나 전국경제인연합회에 발표에 따르면 지난해 말 한국의 전기차 충전기 수는 중국의 0.8%, 미국의 1.4%, 일본의 10.1% 수준에 불과하다. 일본의 충전기 수는 지난해 기준 22만 7,000개로 한국의 2만 3,000개보다 약 10배나 많은 상황이다. 전기차 시장을 선도하고 경쟁력을 갖추기 위해서는 국가 차원에서 전기차 충전기 수를 크게 늘려야 한다.

최근 아마존의 제프 베조스는 20억 달러 규모의 '기후 서약 펀드'의 첫 투자 대상 기업들을 발표했다. 첫 투자 대상 기후테크 스타트업은 전기 모터를 만드는 턴타이드, 콘크리트를 제조하는 카본큐어, 전기차를 만드는 리비안, 배터리를 재활용하는 레드우드, 탄소배출을 모니터링하는 파차마 등이다.

애플은 2030년까지 제품 공급망과 제품 생산에서 탄소 중립화를 달성하겠다는 계획을 발표했다. 애플의 모든 기기 생산 과정에서 기후변화에 미치는 영향을 2030년까지 '제로'로 줄이겠다는 것이다. 2030년까지 탄소배출을 75% 저감하고 탄소 제거 솔루션을 개발해 나머지 25%도 감소시키겠다는 계획이다.

아마존, 애플, 구글, 마이크로소프트 등 글로벌 IT 대표기업들은 기후테크 스타트업에 대한 투자를 점차 확대하고 있다. 지구온난화를 유발하는 환경오염을 줄여 기업의 사회적 책임을 다하고 점점 커지고 있는 기후테크 관련 시장을 선점하겠다는 의도다. 우리나라 기업들도 글로벌 경쟁에서 뒤처지지 않도록 기후테크 관련 분야에 좀 더 적극적인 관심을 기울여야 하겠다.

05. '내 위성' 큐브샛

펩시콜라가 위성궤도상에 광고를 낼 계획이라고 발표해 화제가 되었다. 러시아의 스타로켓은 소형 위성 '큐브샛CubeSat'을 이용해 위성궤도상에 '궤도 디스플레이The Orbital Display'를 개발 중이라고 밝혔다. 궤도 디스플레이는 지상에서 400~500km 고도에서 돌고 태양을 광원으로 해서 디스플레이를 하는데, 표시 가능한 면적은 50km2 정도라고 한다. 이 궤도 디스플레이가 완성되면 밤하늘에 거대한 LED 간판이 떠 있는 모습을 보게 될 전망이다.

2019년 미국의소리VOA 방송은 북한의 석탄 운반 화물선 '와이즈 어니스트' 호가 제재 위반 혐의로 미국 정부에 압류됐지만 북한의 항구도시 남포에선 여전히 석탄 화물선의 움직임이 활발하다고 보도했다. 또한 VOA는 민간 위성업체 플래닛랩스의 '큐브샛'이 2019년 북한 남포항을 촬영한 위성사진에 대형 선박 2척이 있고 석탄이 있음을 확인했다고 밝혔다. 플래닛랩스는 북한에서 발사한 발사체의 궤적을 자사 큐브샛 도브Dove로 포착한 사진을 공개하기도 했다.

미국의 플래닛랩스는 상업용 큐브샛 분야에서 두각을 나타내는 선도적인 벤처기업이다. 플래닛랩스는 2010년 전직 NASA 과학자들이 만든 스타트업으로, 2013년부터 큐브샛 351기를 성공적으로 발사했고 현재 141기의 큐브샛을 지구 저궤도에 띄워 지구 전 지역을 매일 촬영하는 프로젝트를 운영하고 있다. 플래닛랩스가 개발한 '도브'라는 최신 큐브샛은 크기가 식빵 한 줄 정도(10㎝×10㎝×30㎝)에 불과하다. 플래닛랩스의 큐브샛 군단은 24시간 지구 전역을 그물망처럼 나누어 찍어 하루에 120만 개의 이미지를 생성하며, 촬영한 영상은 국방, 기상관측, 자연재해 등 다양한 분야에 활용된다.

2019년 NASA는 인공위성 큐브샛 '마르코MarCO, Mars Cube One'가 보낸 사진을 공개했다. 지구가 푸른 점으로 보이는 흔한 사진이지만 NASA는 이를 공개하면서 서류가방 크기의 초소형 인공위성이 지구로부터 100만㎞ 떨어진 우주공간에서 찍은 특별한 사진이라고 밝혔다. 2018년 마르코는 화성 탐사선 인사이트의 화성 착륙을 처음으로 실시간 중계하는 데 성공했다.

초소형 인공위성 큐브샛이 빠르게 발전하고 있다. 개인이 제작할 수 있는 간단한 위성부터 지상과 해상을 감시하는 관측용 위성, 인터넷 서비스를 제공하는 통신용 위성, 우주 탐사용 위성까지 다양한 역할을 하는 초소형 큐브샛이 가파르게 성장하는 중이다.

'큐브샛'은 사람이 손으로 들 수 있을 정도로 작은 위성을 뜻한다. 가로·세로 각각 10㎝인 정육면체에서 가로 10㎝, 세로 30㎝인 직육면체까지의 초소형 위성을 일컫는다. 1999년 미국 스탠퍼드 대학교와 캘리포니아 폴리테크닉 주립대학교가 처음 큐브샛을 개발했다. 제작과 발사에

2,000억~3,000억 원의 비용이 드는 기존의 고가 대형 위성과 달리 큐브샛은 제작비와 발사비가 1억~3억 원으로 매우 저렴하다.

큐브샛은 유닛Unit의 앞글자인 'U'를 단위로 쓴다. 가로·세로·높이 각 10㎝인 정육면체를 1U라고 한다. 1U 사이즈의 큐브샛의 무게는 1.00~1.33㎏ 정도다. 1U 사이즈 2개가 합쳐진 직육면체는 2U, 3개가 합쳐지면 3U가 된다. 큐브샛은 발사에 성공해도 실제 작동 가능성은 70% 선에 머문다. 최근 국내에서 발사한 11기의 큐브샛 위성 중 교신에 성공한 것은 2기뿐이었다.

큐브샛은 이미 상업용 위성 시장을 넘보고 있다. 여러 대를 동시에 활용하는 '군집 위성(벌떼)' 방식으로 개별 위성의 성능 부족을 극복하면서 전체 운영비용은 혁신적으로 낮췄다. 이를 통해 지구 전체의 지상이나 바다 상황을 동시에 감시하거나 여러 지역의 사진을 동시에 촬영하는 등 위성 1대만으로는 불가능한 기능을 수행할 수 있게 되었다. 미국 스페이스워크스에 따르면 현재 운용 중인 소형 및 초소형 위성 중 상업용의 비중은 약 56%에 해당하지만 그 비중은 점점 커져 향후 2022년까지 전체의 70% 이상을 차지할 것으로 전망된다.

거대 IT 기업들도 초소형 위성 시장에 가세했다. 전기차 회사 테슬라의 창업자인 일론 머스크가 이끄는 스페이스X는 2021년까지 약 1만 2,000개의 통신위성을 띄워 전 세계를 인터넷으로 연결하는 프로젝트를 추진하고 있고, 구글은 위성 스타트업 스카이박스를 인수해 실시간으로 변동되는 지상 상황을 반영한 지도를 제공하는 프로젝트를 진행 중이다. 큐브샛은 하루에도 수회 내지 수십 회 같은 지점을 촬영할 수 있어서 최신 실시간 지도를 얻을 수 있다. 소프트뱅크가 1조 원을 투자한 스타트업 원웹은 통신용 위성 사업을 추진하고 있고, 페이스북도 '아테나 프로젝트'라는 큐브샛 사업을 추진하고 있다. 또한 미국 벤처기업 스파이어는 60여 기의 큐브샛으로 전 세계 바다를 운항하는 7만 5,000척의 선박을 실시간 추적하고 있다.

큐브샛은 2012년에는 25기의 발사에 머물렀지만 2020년엔 4,000여 기가 발사되면서 폭발적으로 성장했다. 큐브샛은 이미 4차 산업혁명의 핵심기술을 확산하는 대표적 산업으로 떠올랐다. 큐브샛 산업은 아이디어만 있으면 적은 자본으로 시작해 크게 성장할 수 있다. 미국의 실리콘밸리와 유럽의 테크 기업들이 큐브샛을 활용한 다양한 제품들을 만들기 시작했으며, 이 시장에 대규모의 투자금이 몰려들고 있다.

국내에서도 큐브샛 산업에 참여하는 사례가 등장하고 있다. 2013년에는 미디어아트 작가인 송호준 씨가 세계에서 처음으로 개인 위성을 쏘아올렸다. 최근 한국항공우주연구원도 6U짜리 큐브샛을 개발했고, 연세대와 경희대 학생들은 큐브샛 벤처회사인 나라스페이스테크놀러지를 설립했다.

현재 NASA는 손톱만 한 크기인 위성을 개발하고 있다. 또한 2021년에는 1kg을 우주로 쏘아올리는 데 필요한 비용을 951달러(약 110만 원)까지 낮춘다는 계획이다. NASA는 2040년까지 이를 수십 달러 수준으로 낮추어 개인이 수십만 원 정도로 큐브샛을 만들어 우주로 보내 운영할 수 있게 한다는 계획이다.

개인이 위성을 소유하는 시대가 오면 우리에게 어떤 일이 가능해질까? 지금까지 우리가 상상하지 못했던 새로운 세상이 다가오고 있음을 느낀다.

　　2019년 7월 미국과 중국 간의 무역전쟁으로 가뜩이나 어려운 상황에서 한국의 IT 산업은 일본의 경제보복 조치 때문에 한 치 앞을 내다볼 수 없는 상황으로 치달았다. 일본은 한국 IT 산업의 핵심인 반도체와 디스플레이 등에 사용되는 핵심소재를 무기로 삼아 경제전쟁을 일으켰다.

　　일본 경제산업성은 유기발광다이오드OLED 디스플레이에 필요한 플루오린 폴리이미드와 반도체 공정용 포토레지스트, 고순도 불화수소 등 3개 품목의 대對한국 수출규제를 확정했다. 일본이 플루오린 폴리이미드와 포토레지스트 전 세계 생산량의 90%, 고순도 불화수소의 약 70%를 점유하고 있었다.

　　또한 일본 정부는 외국환 및 외국무역 관리법에 따른 우대 대상인 '화이트국가(백색국가)' 리스트에서 한국을 제외하기로 결정하고 시행령을 공표했다. 화이트 리스트에서 제외되면 일본의 국가안보에 관련된 제품을 수출할 때마다 건별로 일본 정부의 승인을 받아야 한다.

당시 한국경제연구원은 일본의 경제보복이 3개월 이상 지속되면 생산 전반에 차질이 불가피하고 특히 반도체 소재가 30% 부족할 경우 GDP도 2.2% 감소할 거라는 어두운 전망을 내놓았다. 반면 일본의 GDP는 0.04% 감소로 피해 규모가 상대적으로 적을 것이라고 예상했다.

한국경제연구원은 한국이 수출규제로 일본에 맞대응한다면 한국은 GDP 3.1%, 일본은 1.8% 감소로 손실이 확대되고, 기업들이 핵심소재 확보에 실패해서 부족분이 45%가 넘을 경우 한국의 GDP는 4.2%가 감소할 전망이라고 발표했다. 또한 한일 간의 분쟁이 확대될 경우 전기·전자 산업의 경우 한국의 생산량이 20.6%, 일본의 생산량이 15.5% 감소하고, 중국은 2.1% 증가해서 결국 중국만 이롭게 하는 결과가 예상된다고 발표했다.

일본의 경제보복 조치 이후 삼성전자와 SK하이닉스 등 반도체업체들은 고순도 불화수소를 대체하기 위해 다양한 방안을 모색했다. 그러나 대체 방안을 찾아도 실제로 생산에 적용하기까지 최소 6개월 이상 소요되어, 일본이 수출을 계속 불허한다면 업체들이 보유한 약 2개월분의 재고 물량이 바닥나는 2019년 10월부터는 한국 반도체 산업이 큰 타격을 입게 될 심각한 상황이었다.

불화수소는 액체와 기체 2가지 형태로, 액체 불화수소는 미세 회로의 모양을 깎는 공정과 불순물을 제거하는 클리닝 공정에 사용된다. 기체 불화수소는 웨이퍼에 얇은 막을 입히는 박막 증착 공정에 사용된다. 한국 반도체 업체들은 대부분 솔브레인을 통해 액체 불화수소를 공급받았다. 솔브레인은 일본에서 고순도 불화수소를 수입해 공급해왔다. 기체 불화수소의 경우 일본의 쇼와덴코에서 전량 수입해왔다. 기체 불화수소는 공정 적용이나 보관이 액체 불화수소에 비해 더 까다롭다.

반도체 업체들은 즉각 미국 회사, 일본 업체의 대만 법인 등에서 샘플을 받아 테스트했고, 솔브레인은 기체 불화수소의 자체 생산을 시작했으며, SK머티리얼스도 고순도 기체 불화수소 제품을 내놓았다. 반도체 업체들은 2019년 7월 중순경 일본산이 아닌 새로운 소재를 투입해 테스트를 시작했고 50일 후인 9월 중순경에는 새로운 소재가 반도체 생산에 적용되기 시작했다.

2년이 지난 후에 상황은 어떻게 되었을까?

일본 정부가 우리나라에 대한 수출규제 품목으로 지정한 반도체 제조용 불화수소의 우리나라 수입액이 74% 이상 감소한 것으로 나타났다. 일본의 규제 발표 이후 삼성전자, SK하이닉스 등 국내 반도체 기업들이 발 빠르게 국산화 대체에 성공하면서 일본으로부터의 불화수소 수입액이 2003년 이후 17년 만에 1,000만 달러 밑으로 떨어지는 등 일본의 경제보복 조치를 보기 좋게 물리쳤다.

IT 산업은 이미 글로벌 밸류 체인을 형성하고 있었다. 한국이 일본의 소재나 부품을 이용해 반도체를 만들어 수출하고, 미국은 그 반도체를 활용해 IT 완제품을 중국 생산 공장에서 만들어 전 세계에 판매한다. 글로벌 IT 산업은 이렇듯 복잡한 분업 구조로 얽혀 있다.

IT 산업의 핵심부품인 D램과 낸드플래시의 한국산 점유율은 각각 72%와 52%에 달한다. 한국이 관련 부품을 제때 조달하지 못할 경우 연간 22억 대의 글로벌 IT 기기 생산이 중단될 수도 있다. 일본의 경제보복 조치는 그동안 성숙해온 글로벌 IT 공급망에 큰 영향을 미칠 수도 있는 사건이었다.

만약 일본의 경제보복으로 한국 기업이 피해를 본다면, 글로벌 기업들도 이를 피할 수 없을 것이다. 우리나라의 반도체 기업들은 데이터센터 사업을 하는 구글, 아마존, MS, 페이스북, 오라클 등 글로벌 IT 업체의 주요 공급사다. 애플은 메모리와 OLED 패널을 한국에서 대부분 공급받고 있고, 중국의 화웨이, 샤오미도 한국에서 반도체를 공급받는다. 일본의 소니, 파나소닉, 중국의 하이센스 등 15개 해외 업체들도 한국에서 OLED 패널을 공급받고 있다. 일본의 경제보복으로 한국의 IT 산업의 생산에 차질이 발생할 경우 전 세계 IT 산업을 흔드는 '퍼펙트 스톰'이 될 수도 있었다.

일본 정부가 전 세계적으로 욕먹을 각오를 하고 그런 경제보복 조치를 단행한 데는 일본의 IT 산업과 반도체 산업이 한국 기업들에 뒤처지는 것에 대한 위기의식이 크게 작용했다고 볼 수 있다. 이번 기회에 경제보복을 통해 한국 기업들의 발목을 잡겠다는 심산이었을 것이다. 그러나 일본의 이런 몽니는 한국의 승리로 끝나버렸다.

미중 양국의 정치적 마찰도 경제전쟁으로 심각하게 확대되고 있다. 도널드 트럼프 전 행정부는 화웨이를 미국의 고강도 제재 대상 기업으로 낙인찍으며 미중 경제전쟁을 일으켰다. 바이든 정부도 이를 이어받아 미국 증권거래위원회는 2021년 3월 24일 증권거래소에 상장된 중국 기업이 3년 연속 회계감독위원회의 회계감사를 통과하지 못할 경우 거래가 금지되도록 규정한 외국 회사 문책법의 수정안을 통과시켰다.

중국 기술기업을 제재한 미국에 맞서 중국이 반격이 나섰다. 중국 정부가 자국 공무원들에게 미국 전기차 테슬라의 사용을 전격적으로 금지한 것이다. 이어 중국 내에서 미국과 유럽의 일부 기업들이 최근 신장 소수민족 인권 탄압을 이유로 중국산 면화 수입을 중단할 거라는 보도가 나온 이후 중국인들의 대규모 불매운동이 시작되었다.

홍콩, 대만, 신장 위구르족, 미얀먀 등 곳곳에서 벌어지고 있는 미국과 중국의 정치적 패권 갈등이 경제보복으로 확산되는 양상이다.

정부는 현재 안팎으로 벌어지고 있는 신패권주의 경제상황을 냉정하게 살펴보고 판단해야 한다. 최저임금 인상, 법인세 인상, 주 52시간 근무제 등을 급격하게 시행함으로써 국내 기업환경은 매우 열악한 상황이 되었다. 또한 혁신성장을 위해 규제를 완화하겠다고 목소리를 높였지만, 규제 완화는 이루어 지지 않고 오히려 규제가 혁신성장의 발목을 잡고 있는 상황이다.

말에 그치지 않고 실제로 일본을 경제적으로 뛰어넘으려면, 장기적이고도 치밀한 전략이 필요하다. 그중에 제일 중요한 것이 바로 기업의 환경이다. 기업이 성장할 수 있도록 투자환경을 조성하고, 규제를 완화하고, 정부는 기업인들의 요구사항을 경청하고 수용해야 한다. 튼튼하고 좋은 기업 없이 국가 경제가 성장할 수 없다. 기업환경을 어렵게 하면서 어떻게 경제가 성장하기를 기대하는가?

신패권주의 시대에 정부는 감정적인 대응이 아닌 국가의 이익을 최우선으로 하는 실리외교를 전개하면서 이성적으로 대응해야 하겠다. 그러지 않으면 수십 년간 어렵게 쌓아온 'IT 강국 코리아'의 '미래'가 흔들릴 수도 있기 때문이다.

PART 5

게으른 사람들이 만든 경제

01. 귀차니스트들의 천국

인간의 경제활동과 e커머스e-commerce의 본질은 인간이 가지고 있는 내면의 아이덴티티Identity와 겉으로 보이는 평판Reputation의 아이덴티티 사이의 간극을 좁히는 것이다. 인간 내면의 아이덴티티는 본능에 충실하며 감정적이고 자기욕구가 강하다. 반면 겉으로 보이는 평판의 아이덴티티는 이성적이고 이타적이며 타인들에게 더 잘 보이고 싶은 욕망을 가지고 있다.

인간은 프로이트S. Freud의 정신분석학에서 이야기하는 것처럼 다차원적인 특질을 가지고 있다. 프로이트는 인간의 의식을 본능적 충동의 덩어리인 원초아id, 본능의 욕구를 충족하려는 의식인 자아ego, 사회문화적 규범이 내면화한 것으로 외부의 영향을 많이 받는 초자아super ego로 구분했다.

카를 구스타프 융Carl Gustav Jung도 인간은 인간 중심의 원형인 자기self, 의식의 세계인 자아ego, 개인이 밖으로 보여주는 공적 얼굴인 페르소나persona, 인간의 본능이나 동물적 욕망인 그림자shadow 등 다차원 특질을 갖는다고 했다.

즉 인간의 경제활동은 본능에 충실한 원초아와 남에게 잘 보이고 싶은 초자아 사이의 간극을 좁혀주는 행위다. 인간이 음식을 먹는 경제 행위는 살기 위해 배를 채워야 하는 본능적 욕구와 남에게 보이는 것 사이의 간극에 대한 타협이다. 멋진 옷을 입고, 좋은 차를 타고, 하기 싫은 일을 다른 사람에게 맡기는 것도 결국 이 간극을 좁히기 위함이다.

"바오샤스剝蝦師(가재 발라주는 사람)를 찾습니다." 2019년 3월 신개념 유통매장 허마셴성이 낸 광고 문구다. 샤오룽샤小龙虾는 중국의 대표 야식인 민물가재로, 맛은 있지만 살을 발라 먹기가 매우 불편한 음식이다. 허마셴성은 고객의 편의를 위해 '가재를 대신 발라주는 서비스'를 시작했다. 음식값의 15%를 추가로 지불하면 아르바이트생이 가재를 발라준다. 아르바이트생은 가재를 발라주고 한 달에 약 약 160만 원을 번다고 한다.

알리바바가 운영하는 허마셴성은 '란런懶人(게으름뱅이)' 소비자를 겨냥한 혁신적 서비스로 중국 유통시장의 판을 바꾸고 있다. 허마셴성 매장은 마트와 물류센터가 합쳐진 개념으로, 앱으로 물건을 주문하면 반경 5㎞ 내의 소비자에게는 1개의 물건이라도 오토바이 배달원들이 30분 내에 배달해준다. 허마셴성 매장은 조리도 대신 해준다. 신선한 해산물을 구매하면 바로 요리사들이 고객이 선택한 조리법으로 실비만 받고 조리를 한다. 조리한 해산물 요리는 배달도 된다. 팔지 못한 해산물은 무조건 당일 폐기한다. 허마셴성은 폭발적인 인기를 누리며 전국 대도시의 핵심 상권에 150개의 매장을 내는 등 급속한 성장을 이루었다.

중국의 모바일 메신저 위챗에 따르면, 국경절 동안 2,100만 명이 하루에

100걸음도 걷지 않았다고 한다. '100보 청년百步青年'이라 불리는 이들은 집 안에서 스마트폰으로 모든 것을 해결한다. 회사에서 점심시간에도 배달 앱을 이용해 음식을 주문해 먹고, 게임, 쇼핑은 물론 청소, 빨래 등 '모든 가사'도 스마트폰으로 해결한다. 최근 중국에서는 이런 귀차니스트를 위한 서비스가 점점 많아지고 있다. '가재 발라주는 사람' '애완견 산책시켜주는 사람' '옷장 정리해주는 사람' 등 새로운 신종 직업들이 속속 생겨나고 있다.

중국에서는 귀차니스트를 위한 경제를 '란런 경제'라고 부른다. '란런 경제'는 게으름뱅이를 뜻하는 '란런'과 '경제'를 합친 용어로, 바쁜 일상을 살기 위해 가사 노동 등 귀찮은 일은 최대한 줄이고 하고 싶은 일에 시간을 더 투자하려는 20, 30대가 소비하는 경제 생태계를 의미한다. 새로운 생활방식을 만들어내는 란런들과 그들의 수요를 충족시켜주기 위해 노력하는 기업들로 인해 중국에서는 란런 경제의 규모가 크게 성장하고 있다.

타오바오淘宝가 공개한 란런 소비 데이터에 따르면, 2020년 중국인들은 게으르게 살기 위해 200억 위안(약 3조 4,000억 원)을 사용했다. 그 중 1995년 이후 출생한 '지우호우95后' 란런 소비계층이 전년 대비 82% 증가하며 가장 빠른 증가세를 보이고 있다. 2019년 기준 란런 경제 소비자가 약 1억 5,000만 명으로 대부분은 나홀로족이다.

란런 경제 현상은 경제력이 있는 혼자 사는 젊은 직장인, 즉 '나홀로족'이 늘었기 때문으로 분석되고 있다. 란런들은 경제적 소비 능력과 돈을 쓰더라도 시간을 아껴 내가 하고 싶은 일을 하겠다는 주관을 가지고 있다. 이런 추세에 맞춰 타오바오는 란런들을 위한 다양한 상품을 판매하고 있다. 타오바오에 따르면 오랫동안 누워서 동영상을 볼 수 있는 '스마트폰 거치대', '로봇 청소기', 간편하게 눈썹을 그릴 수 있는 '눈썹 가이드', 볶음 요리를 쉽게 해주는 '스마트 볶음기' 등의 매출이 크게 늘었다고 한다.

중국의 란런 경제는 O2O Online to Offline 서비스 분야에서 크게 확장되는 추세다. O2O는 오프라인의 재화와 서비스를 온라인으로 연결한 것으로, 스마트폰을 이용해 음식 배달, 청소, 세탁, 세차, 택시 등의 서비스를 이용하는 것을 의미한다. 중국의 란런들을 위한 가정 방문형 O2O 시장은 2019년에는 약 81조 5,000억 원 규모로 크게 성장했다. 음식 배달, 차량 호출 등 각종 O2O 서비스의 발달은 바쁜 현대인들에게 편리함을 제공하는 동시에 란런 경제 성장에도 크게 기여하고 있다. 온라인 쇼핑몰들도 란런들을 위한 코너를 속속 만들고 있다. 경기 성장이 둔화하는 중국에서 란런 경제가 새로운 활력소가 된 것이다.

란런 경제를 이끄는 서비스와 상품은 크게 5가지로 구분할 수 있다. 첫째는 음식 배달, 청소, 세탁 등의 O2O 서비스다. 둘째는 귀찮은 일을 대신 해주는 서비스로 바오샤스(가재 발라주는 사람), 류거우스遛狗師(애완견 산책시켜주는 사람) 등 신종 직업이 여기에 해당한다. 셋째는 란런에 특화된 생활용품으로 오래 누워 있어도 편안한 소파, 누워서 볼 수 있는 스마트폰 거치대 등과 눈썹 가이드, 아이섀도 가이드 등 미용 관련 상품이 있다. 넷째는 로봇 청소기와 요리를 쉽게 해주는 스마트 볶음기 등 나홀로족을 위한 다양한 전자제품이 해당된다. 다섯째는 간편식 HMR, Home Meal Replacement으로, 물만 붓고 기다리면 되는 '간편 훠궈' 같은 것들이다.

란런 경제가 탄생시킨 대표적인 신종 직업은 애완견을 산책시켜주는 류거우스다. 반려견을 데리고 산책할 시간이 없는 고객들을 대신해 산책을 시켜주고 시간당 1만 3,800~1만 7,200원을 받는다. 옷장 정리사는 보수를 가장 많이 받는다. 옷장을 정리할 시간이 없는 고객들을 대신해 옷장을 정리해주고 옷장 1m당 10만 3,200원을 받는다. 란런팅수懶人聽書(게으름뱅이 책 듣기)는 오디오북 서비스로 3억 4,000만 명을 확보한 인기 앱이다. 란런팅수는 책을 읽는다는 고정관념에서 탈피, '듣는 독서' 시장을 본격적으로 개척하면서 중국 콘텐츠 비즈니스에 새로운 지평을 열었다. 란런들을 위한 중국 오디오 북 시장은 매년 40% 성장률을 기록하며 크게 성장하고 있다.

란런 경제 소비자들은 O2O 서비스의 주 소비층으로 시간을 1초도 낭비하지 않는다. 이들은 절대 길에서 언제 올지 모를 택시를 기다리지 않는다. 대신 좀 더 비싼 '디디다처滴滴打車'를 부르고 차가 도착하면 타러 간다. 또한 맛집에서 줄을 서서 기다리기보다는 배달 앱으로 원하는 시간에 음식을 배달시켜 먹는다. 란런 경제의 핵심은 돈으로 시간을 사서 하고 싶은 일에 사용하는 것이다. 그런데 란런 경제 소비자들은 이렇게 절약한 시간으로 무엇을 할까?

란런 경제 소비자들은 돈으로 산 시간에 정작 아무것도 하지 않고 빈둥거린다. '느림의 미학', '편안한 소확행'을 추구하는 것이다. 그들은 때로는 아무것도 하지 않는 것이 가장 행복하다는 것을 알고 그런 삶을 추구하고 있다. 중국의 대도시들에는 점심시간이면 맛집 앞에 파랑, 노랑, 주황 유니폼 차림의 배달 기사들이 줄지어 대기하고 있다. 2050년에는 중국의 1인 가구가 1억 3,000만에 달하고 란런 경제가 소비패턴의 주축이 될 전망이다. 란런 경제가 바꿔가는 새로운 세상에서 앞으로 어떤 일들이 일어날지 궁금하다.

02. 인생은 한 번뿐이야, 즐겨!

　　전문직에 종사하는 김세련 양(31)은 혼밥과 혼술을 하는 경우가 많다. 혼자 스시 레스토랑에 가서 20만 원 이상의 스시 오마카세 요리를 즐겨 먹고, 배달 앱을 이용해 집에서도 고급 요리를 주문해 먹는다. 또한 항공권이나 호텔 숙박권을 판매하는 앱을 이용해 비즈니스 항공권 또는 고급 호텔 숙박권이 싸게 나오면 주저하지 않고 구매한다. 세탁이나 집 청소도 O2O 앱을 이용해 간편하게 해결하고, 고급 택시인 '카카오 택시 블랙'도 자주 이용한다.

　　1인 가구의 증가로 혼밥, 혼술, 혼행, 혼영 등 '혼자' 즐기는 문화가 점차 확산하고 있다. 급기야 '1코노미1conomy'라는 용어까지 등장했다. 1코노미는 '1인'과 경제를 뜻하는 '이코노미economy'의 합성어로 자신을 위해 소비하고 혼자만의 생활을 즐기는 경제를 의미한다. 1코노미의 밑바탕에는 자신의 인생을 즐기려는 '욜로YOLO, You Only Live Once' 라이프가 깔려 있다. 욜로는 미국 가수 드레이크의 노래 가사 "인생은 한 번뿐이지, 욜로You only live once, YOLO"에서 유래했다. 욜로는 한 번뿐인 인생을 후회 없이 즐기며 살아가라는 의미를 담고 있다. 미래를 위해 저축을 하기보다는 오늘의 나를 위해 맛있는 음식을 먹고 여행을 가는 것이 욜로적 소비 형태이다.

넥타이를 맨 한 중년 남성이 배고픈 배를 쓰다듬으며 오사카 뒷골목에서 맛집을 찾아 돌아다닌다. 허름한 장어덮밥 집을 발견한 그는 '오늘은 여기가 좋겠군' 하면서 태연하게 들어가 혼자 자리를 잡고 음식을 주문한다. 주위의 시선은 아랑곳하지 않고 혼자 음식을 탐미하며 자신만의 행복한 고독을 즐긴다.

만화를 토대로 만들어진 〈고독한 미식가〉의 한 장면이다. 고독한 미식가는 2012년부터 방영된 일본의 인기 드라마로, 주인공 이노가시라 고로는 홀로 맛집을 찾아다니며 음식을 즐기고 일상에 지친 자신을 위로받는다. 이 드라마는 혼자 식사를 탐미하는 중년 남성의 모습을 담담하게 묘사하며 일본에서 혼밥 열풍을 일으켰다.

고독한 미식가의 소개글은 "시간과 사람들에 얽매이지 않고 행복하게 배를 채울 때, 그는 잠시 동안 이기적이고 자유로워진다. 누구에게도 방해받지 않고 누구도 신경 쓰지 않으며 음식을 먹는 고독한 행위. 이 행위야말로 현대인에게 평등하게 주어진 최고의 힐링이라 할 수 있다"라며 혼밥을 적극적으로 찬양한다.

〈고독한 미식가〉의 주인공 고로는 혼밥의 절대 고수다. 대식가를 자칭하는 식신들이 나와 짜장면을 몇 그릇씩 해치우는 한국의 '먹방(먹는 방송)'하고는 차원이 다르다. 왠지 입맛이 까다로울 것 같은 야윈 외모를 지닌 그는 담담하게 식사하며 진솔한 표현으로 시청자를 혼밥의 매력으로 끌어들인다.

이제 일본에서는 혼자 밥을 먹는 것이 더 이상 특별한 일이 아니다. 일본 직장인 10명 중 7명은 나 홀로 도시락을 먹고, 웬만한 식당에는 대부분 1인석 칸막이가 설치되어 있다. 일본인들에게는 〈고독한 미식가〉의 고로처럼 혼자 밥 먹고 술 마시고 고기를 구워 먹는 것이 자신을 위로하는 평범한 일상인 것이다.

요즘 젊은 층을 '픽미세대pick-me generation'라고 표현하기도 한다. 픽미세대는 '나를 뽑아줘' 세대로, 경쟁을 통해 뽑혀야 살아남는 TV 오디션 프로그램에서 유래했다. 치열한 경쟁환경 속에서 선택받고 싶은 욕망을 느끼며 살아가는 세대라는 의미를 지니고 있다.

'혼밥러' '혼술러'는 유행을 넘어 하나의 소비 트렌드로 자리를 잡았다. 2021년 서울시가 발표한 자료에 의하면 서울의 1인 가구 수는 약 130만(2019년 기준)으로, 1980년 8만 2,000가구에 비해 40년 만에 약 16배 증가했고, 전체 380만 가구의 33.9%를 차지한 것으로 나타났다.

통계청이 발표한 자료에 따르면 2020년 우리나라의 1인 가구 수는 약 520만으로 전체 가구의 27%에 해당한다. 또한 2인 가구 비율도 26%로 1인 가구와 2인 가구를 합치면 전체 가구의 53%나 된다. 앞으로 1인 가구의 소비액은 민간소비에서 점점 더 큰 비중을 차지할 것으로 보인다. 한국산업연구원은 1인 가구의 소비지출 규모가 2015년 86조 원에서 2020년에는 120조 원까지 증가했다고 밝혔다.

1코노미 시대의 스마트한 소비방식을 보여주는 대표적인 예는 '타임커머스time commerce 앱'이다. 타임커머스 앱은 유통기한이 얼마 남지 않은 항공권이나 호텔 상품권 등을 저렴한 가격에 판매하는 앱이다. 현재 다양한 종류의 타임커머스 앱이 국내에서 인기를 끌고 있다. 또한 G마켓, 쿠팡, 티몬, 위메프 등 온라인 쇼핑몰과 소셜커머스들도 타임커머스 상품들을 팔기 시작하면서 활용 분야가 점차 넓어지는 추세이다.

체크인 시간이 임박할수록 가격 할인 폭이 커지는 호텔 타임커머스 앱은 빈 객실을 팔고 싶은 호텔과 저렴한 요금으로 호텔을 이용하려는 소비자의 욕구가 맞아떨어지면서 인기를 얻고 있다. 호텔 타임커머스 앱과 기존 숙박 앱들도 경쟁적으로 서비스를 확장하고 있다. 호텔을 예약할 때 10명 중 3~4명은 호텔 타임커머스 앱을 이용하는 것으로 나타났으며, 국내 호텔 타임커머스 앱의 순이용자 수는 약 300만 명으로 성장했다.

출발 시간이 임박한 할인 항공권을 저가에 판매하는 '땡처리 항공권' 시장도 코로나 사태가 발생하기 전까지 6배나 급상승했다. 항공권은 비행기는 뜨는 순간 그 가치가 사라지기 때문에 팔지 못한 항공권을 초특가에 판매한다. 땡처리 항공권은 온라인 쇼핑몰이나 소셜커머스 등에서 가장 인기 있는 여행 상품이었다. 항공권 타임커머스 앱은 항공권 특가 정보를 실시간으로 알려주며, 이용자가 관심 있는 지역이나 여행 일정을 저장해놓으면 각종 할인 정보 및 특가정보를 받아볼 수 있다.

임박한 공연이나 전시회 티켓 등을 저렴하게 구입할 수 있는 문화 타임커머스 앱도 있다. 연극과 뮤지컬, 콘서트 티켓을 최대 60% 저렴한 가격으로 구매할 수 있다. 각종 전시회나 미술관, 박람회 등의 입장권을 할인해서 판매하기도 한다.

'혼밥러'가 늘면서 직접 요리를 하기보다 배달 앱을 선호하는 사람들도 많아졌다. 음식점까지 오가는 수고로움 대신 집에서 간편하게 맛있는 음식을 먹으려는 경향이 커지면서 새로운 외식 배달 시대가 열렸다.

맛집의 음식을 배달하는 서비스는 일종의 공간 혁명이다. 소비자는 공간을 뛰어넘어 편리함을 추구할 수 있고, 맛집은 공간의 제약을 해소하면서 추가 비용을 들이지 않고도 매출을 더 올릴 수 있다. 외식 배달은 1인 가구의 증가와 현대인의 바쁜 생활패턴에 따라 자연스럽게 등장한 신종 산업이라 할 수 있다.

외식 배달 서비스는 시대의 변화와 무관하지 않다. '혼밥' 시대가 배달 수요의 증가를 이끌어왔으며 코로나 발생을 계기로 본격적인 확장 국면에 들어갔다. 외식업체들도 비싼 임대료를 내가며 매장 규모를 늘리기보다 배달 서비스를 강화하고 있다.

1코노미 시대에 개인들은 뭔가를 소유하기보다는 공유와 경험을 더욱 중요하게 생각한다. 공유경제가 커지면서 자연스럽게 숙박 공유 서비스와 차량 공유 서비스가 대거 성장했다. 이제 자신의 인생을 진정으로 즐기는 시대가 본격적으로 시작된 것이다.

03. 협력적 소비의 시대

샌프란시코 공항에는 플라이트카FlightCar라는 차량 공유 서비스
가 있다. 출장이나 여행을 가는 사람들이 장기 주차장에 주차를 하는 대
신 차를 빌려주는 것이다. 이 차는 하루 100마일 이내로 운행거리가 제한
되고, 사용 기간 동안 무료 세차 서비스를 받을 수 있으며, 차를 제공한
사람은 하루에 약 30달러 정도의 돈도 벌게 된다. 사고, 보험 처리 등은
회사가 전적으로 책임진다. 이 차를 이용하는 고객은 일반 렌터카 회사에
서 차를 빌리는 것보다 약 50% 저렴한 비용으로 차를 사용할 수 있다.

세계적인 경기 불황이 지속되면서 '공유경제'에 기반한 '공유 서비스'가
지속적으로 성장하고 있다. 공유경제란 물품을 소유하는 것이 아니라 서
로 빌려주고 빌려 쓴다는 개념에 입각해 이루어지는 경제활동이다. 공유
서비스는 물품, 장소뿐만 아니라 모든 재화와 재능 그리고 지식을 나누
는 상생 서비스 모델이며 새로운 가치를 창출해내는 가치혁신 모델이다.

2013년 구글이 약 1억 달러(약 1조 2,220억 원)에 인수한 이스라엘 소
셜 맵 회사 웨이즈Waze는 사용자들이 지도를 만들어 공유하는 서비스다.

당시 미국에서만 5,000만 명 이상이 이 앱을 쓰며 새로 생긴 도로를 등록하고 사고정보와 실시간 교통정보 등을 플랫폼을 통해 공유하며 인기를 얻고 있었다. 이 회사는 미국 워싱턴 주에서 다리가 붕괴하고 오클라호마에 토네이도가 발생했을 때 실시간으로 상황을 중계하고 우회도로를 안내하면서 유명해졌다. 집단지성으로 구글보다 더 정확하고 빠르게 지도 데이터를 만들어낸 것이다.

사용자가 자기 머리 위의 기상정보를 등록해 이를 공유하는 스카이모션Skymotion은 기본적으로는 기상관측 레이더를 활용하지만, 세부 지역의 날씨까지 정확히 예보할 수는 없다는 점에 착안해 기상정보를 공유하고 있다. 오픈워치OpenWatch는 사고 현장이나 인권침해 현장을 누구나 쉽게 동영상으로 촬영해 공유하도록 하는 서비스다.

재능 공유를 통해 공짜로 외국어를 배우는 앱 '듀오링고'도 있다. 듀오링고는 게임 형식을 도입해 사용자들에게 언어 학습 동기를 유발하는 무료 서비스다. 예를 들면 미국 방송 CNN의 뉴스를 사용자들이 외국어로 번역하면 CNN이 듀오링고에 번역료를 지불하는 방식이다. 사용자는 뉴스를 보면서 영어나 스페인어를 공부하고, CNN은 필요한 번역자료를 제공받는다. 85%의 사용자들이 공짜로 학습을 즐기고, 15%의 고급 레벨 사용자들은 번역한 자료를 통해 수익을 창출한다.

2008년 8월 설립된 숙박 공유 서비스 회사 에어비앤비Airbnb는 192개국 3만 5,000개 도시에서 하루에 200만 개의 방을 연결하는 글로벌 숙박업체로 도약했다. 2017년 누적 예약 숙박 일수가 1,000만 일을 돌파했고, 규모 면에서는 세계 최대의 호텔 체인 힐튼을 추월했다. 나스닥 증권거래소에 따르면 2021년 2월 에어비앤비(클래스 A)의 시가총액은 약 131조 원으로 공모가 기준 2배 이상 기업가치를 늘린 것으로 파악됐다.

공유 서비스가 제공하는 서비스들이 엄청나게 독특하거나 새롭지는 않다. 숙소를 나눠 쓰는 에어비앤비는 홈스테이 모델과 다를 것이 없고, 자동차를 나눠 쓰는 카셰어링 모델도 기존의 자동차 렌털 서비스와 비슷하다. 공유 서비스가 강력해진 것은 이런 전통적인 대여 사업에 소셜 네트워크 서비스SNS와 모바일을 이용한 사용자 참여의 힘이 더해져 플랫폼으로 진화했기 때문이다.

2004년 설립된 미국의 '옐프Yelp'는 사용자 후기와 평가를 서비스에 반영한 좋은 사례다. 옐프는 지역별로 음식점, 미용실, 세탁소, 병원 등을 이용한 사용자의 후기를 모아 제공한다. 스마트폰 사용자가 옐프에 접속해 원하는 음식 종류와 가격대를 입력하면 사용자들로부터 좋은 평가를 많이 받은 주변의 음식점을 찾아낼 수 있다. 옐프에는 창업 후 2020년까지 2억 2,400만 개 이상의 리뷰가 올라왔고 월평균 1억 7,300만 명이 방문하는 대표적인 지역정보 공유 플랫폼으로 성장했다. 옐프의 주가가 지속적으로 상승하는 것도 기업의 미래 가치가 높다는 것을 보여준다.

공유경제는 2008년 금융위기 이후 경기침체에 따른 소비형태 변화와 SNS, 모바일 등 IT 발전에 영향을 받아 등장했다. 전 세계 공유경제 시장의 규모는 2014년 140억 달러에서 2025년 3,350억 달러로 약 24배 성장할 것으로 추산되고 있다.

'공유경제'는 2008년 하버드 대학교 로스쿨 교수 로렌스 레식Lawrence Lessig 교수가 처음 사용한 말로, 개인이 재화나 서비스를 다른 사람과 공유함으로써 새로운 가치를 창출하는 경제활동이다. 레식 교수는 자신의 저서 《리믹스Remix》에서 공유경제를 '한 번 생산된 제품을 여럿이 공유해 쓰는 협력적 소비를 기본으로 한 경제방식'이라고 정의했다. 자본주의에는 생산과 소비라는 두 축만 존재하는 데 비해, 공유경제는 이미 생산된 제품을 협력적으로 소비하는 것이다. 협력적 소비는 '자신이 소유하고 있는 재화에 대한 접근권이나 사용권을 타인과 공유, 교환, 대여함으로써 새로운 가치를 창출해내는 것'이다. 그런 측면에서 새로운 유형의 가치혁신 모델이라고 볼 수 있다.

공유경제 플랫폼은 크게 3가지 유형이다. 첫째는 집카나 에어비앤비 같은 임대 및 대여 방식이다. 둘째는 기존의 재화를 재활용하거나 재분배하는 방식이다. 셋째는 위키피디아나 크라우드 펀딩처럼 재능이나 자본을 공유하는 플랫폼이다.

공유경제 플랫폼은 잉여자원의 효율적 활용을 통해 사회에 협력적 소비를 일으키며 새로운 가치를 창출하는 가치혁신 플랫폼이다. 그런 의미에서 우버게돈Ubergeddon이라고 불리는 우버는 대표적 공유경제 플랫폼으로 보긴 어렵다. 기존 택시 시장을 파괴하며 협력적 소비에 반하는 충돌을 일으켰기 때문이다. 공유경제 플랫폼은 사회와 생태계 안에 상생과 협력적 소비를 불러일으켜야 한다.

04. 소유의 종말

우버를 창업한 트래비스 캘러닉Travis Kalanick은 2018년 한국에서 새로운 형태의 사업을 시작했다. 다름 아닌 '클라우드 키친Cloud Kitchen'으로, 대규모 주방과 요리사를 확보해 레스토랑에 제공하는 서비스다. 건물 내부에는 5~7평 규모의 주방 20~30개가 들어가고 1층에는 '드라이브 스루' 시설을 갖추었다. 클라우드 키친은 주방과 요리사뿐만 아니라 식당 운영에 필요한 다양한 구독경제 플랫폼도 제공한다. 외식업 창업가는 쉽게 식당을 오픈할 수 있고 식당 경영과 관련된 일체의 서비스도 받을 수 있다.

매월 일정 금액을 내면 의류·자동차·식재료 등을 정기적으로 제공해주는 '구독경제Subscription Economy'가 빠르게 성장하고 있다. 구독경제는 신문처럼 매달 일정 금액을 내고 필요한 물건이나 서비스를 받는 경제활동을 의미한다. 스트리밍으로 영상을 제공하는 넷플릭스가 구독경제의 대표적인 성공모델이다. 최근에는 자동차와 명품, 식재료 같은 다양한 분야로 확대되고 있으며, 위워크나 클라우드 키친 같은 B2B 서비스로도 확대되고 있다.

구독경제는 글로벌 금융위기 후인 2010년대 초반 미국에서 생겨났다. 경제 불황기에 화장품·면도날과 같은 생필품을 소포장으로 저가에 정기 배송해주는 서비스가 생겨나면서 점차 인기를 끌었다. 현재 미국과 유럽 등 전 세계 구독경제 시장은 2015년 4,200억 달러에서 2020년에는 5,300억 달러로 성장했다.

경제학자들은 제러미 리프킨Jeremy Rifkin의 《소유의 종말》을 인용해 구독경제의 확산 현상을 '효용이론'으로 설명한다. 효용이론은 인간은 제한된 자원으로 최대한의 만족을 얻기 위해 노력한다는 이론이다. 제러미 리프킨은 《소유의 종말》에서 '소유'의 시대는 점차 가고 '이용'의 시대가 올 거라고 말한다.

구독경제는 물건을 '소유'하는 소유경제Owned Economy에서 '공유'하는 공유경제Sharing Economy를 지나 일정 금액을 지불하고 주기적으로 상품이나 서비스를 제공받는다는 개념이다. 지금까지는 주로 음악이나 영상, 미디어를 월정액을 내고 이용하는 것에 익숙했지만, 최근 들어서는 고가 상품을 포함한 다양한 영역으로 확대되고 있다. 구독경제는 최소의 비용을 들여 최대의 만족을 얻을 수 있다는 점에서 소비자들로부터 인기를 얻고 있다.

구독경제 서비스를 제공하는 스타트업은 이미 300곳이 넘는다. 2019년 창업한 스타트업 중 약 30%가 구독경제 서비스라고 할 정도로 관련 창업이 크게 늘었다. 스타트업이 제공하는 구독경제 서비스는 매우 다양하다.

위클리셔츠는 월 5만 3,000원을 받고 매주 깨끗이 다린 셔츠 3장을 집으로 배송하는 셔츠 정기배송 서비스를 제공하고 있다. 입은 셔츠는 세탁할 필요 없이 새 셔츠가 올 때 반송하면 된다. 셔츠를 사지 않아도 되고 빨래나 다림질을 할 필요가 없어서 직장인들에게 인기가 많다. 스타트업 밀리의 서재는 월 9,900원에 전자책을 무제한으로 볼 수 있는 서비스를 제공한다. 리디북스도 월 6,500원에 2,600여 권의 책을 볼 수 있는 '리디셀렉트'를 출시했다.

미국의 '달러셰이브클럽'은 월정액을 내면 매월 면도날을 집으로 배송해주는 서비스를 제공해 인기를 끌었다. 창업 5년 만에 회원을 320만 명 이상 모으고 10억 달러에 유니레버에 매각되었다. 스타트업 에피카는 BMW 미니MINI와 협력해 매월 100여만 원의 비용으로 미니 차량 4~6종을 바꿔 탈 수 있는 '올더타임 미니'를 출시했다. 후치는 월 9.99달러에 뉴욕 맨해튼의 수백 개 술집에서 매일 칵테일 한 잔씩을 마실 수 있는 서비스로 2017년 22억 원의 매출을 올렸다. 미국의 '렌트더런웨이Rent the Runway'는 디자이너 의류를 대여해주는 서비스로, 알리바바가 약 220억 원을 투자해 주목을 받았다.

이 외에도 매월 3만 9,000원을 내면 3개월에 한 번씩 미술가의 미술작품을 배송해주는 '오픈갤러리', 유기농 생리대를 정기 배송해주는 '해피문데이', 해외 아티스트의 작품을 대형으로 프린트해서 집에서 감상할 수 있는 '핀즐', 2주일에 한 번씩 꽃을 배달해주는 '꾸까', 희귀 수제맥주를 한 달에 두 번 배송해주는 '벨루가 브루어리', 취미를 즐길 수 있는 키트를 배송해주는 '하비인더박스', 면도기를 정기 배송해주는 '와이즐리', 애완동물용품 구독 서비스 '펫박스', 직접 로스팅한 원두를 정기 배송하는

'빈브라더스' 등이 있다.

구독경제가 인기를 얻자 대기업들도 점차 가세하고 있다. 현대자동차는 최근 '제네시스 스펙트럼'이라는 프로그램을 출시했다. 월 149만 원에 G70, G80, G80 스포츠 3개 모델 중에서 월 2회씩 바꿔 탈 수 있고 2일은 G90도 제공하는 서비스이다. 신한카드는 모바일 앱 '신한페이판'에서 미하이삭스, 돌로박스 등 스타트업의 구독상품을 연결해주는 서비스를 출시했다.

구독경제의 유형은 크게 3가지로 구분할 수 있다. 첫째는 넷플릭스 모델로 주로 음악, 영화, 책 등 디지털 콘텐츠를 제공한다. 일정 구독료를 내면 특정 기간 동안 콘텐츠를 무제한으로 볼 수 있는 모델이다. 둘째는 생필품 정기배송 모델로 옷, 면도날, 맥주 같은 생활용품을 정기적으로 배송해준다. 셋째는 패션용품과 자동차 등 고가의 물건을 이용하게 해주는 서비스다.

구독경제가 각광받는 이유는 소비자와 공급자 모두를 충족시키기 때문이다. 소비자 입장에서는 현시점에서 가장 발전된 시간 절약형 소비 형태이다. 지정된 날짜에 주기적으로 가장 적합한 상품을 배송해주기 때문에 매번 구입하는 번거로움을 덜 수 있다. 공급자 입장에서는 규칙적이고 안정적인 현금 흐름을 확보할 수 있고 개인 맞춤형 서비스로 고객의 충성도를 높일 수 있다는 것이 장점이다.

구독경제는 물류 시스템의 효율화에도 기여하고 있다. 기존 유통기업에 물류비용은 큰 장애물이었다. 구독경제 기업은 계획 판매를 통해 물류 운영을 예측할 수 있고 가격 협상력 강화가 가능하다. 이를 통해 적정량의 재고를 유지할 수 있고 계획 배송이 가능해져 안정적인 물류 서비스를 제공하게 된다.

05. 신新유통 물류혁명

"전자상거래는 이쪽 강가에서 다른 쪽 강가로 건너갈 때 사용하는 배일 뿐이며, 미래에는 전자상거래라는 말이 없어지고 신유통이라는 말만 있을 것이다. 앞으로 알리바바는 전자상거래라는 단어를 쓰지 않겠다." 2016년 알리바바의 마윈 회장은 전자상거래 시대가 끝나고 신유통시대가 올 거라고 전망했다. 마윈은 온·오프라인과 물류가 모두 합쳐져 통합된 것을 신유통이라고 정의했다. 신유통 시대에 걸맞게 곳곳에서 물류 시스템의 혁명이 일어나고 있다.

물류物流는 물적유통物的流通을 줄인 말로, 생산자로부터 소비자까지의 물품의 흐름을 의미한다. 유통은 생산자에서 소비자로 재화와 서비스를 전이시키고 장소와 시간, 소유의 효용성을 창출하는 것으로 정의되는 반면, 물류는 소유 거래를 제외한 장소와 시간의 효용성을 창출하는 것으로 정의된다. 물류는 제품을 수송, 보관, 하역, 포장하는 전 과정과 기초 시설, 유통가공, 정보기능 등을 포함하는 포괄적 개념이다. 특히 물류는 온라인 거래와 O2O 및 공유경제가 활성화되는 4차 산업혁명 시대에 가장 중요한 핵심요소이다.

물류는 크게 1, 2, 3자 물류로 정의할 수 있다. 1자 물류1PL, 1 Party Logistics는 자사에서 전적으로 물류 업무를 처리하는 것을 의미한다. 2자 물류2PL, 2 Party Logistics는 물류 자회사를 통해 처리하는 것을 의미한다. 3자 물류3PL, 3 Party Logistics는 물류 업무 중 일부 혹은 전체를 물류 전문업체에 아웃소싱하는 것을 의미한다. 특히 물류 관련 비용을 절감하기 위해 제품 생산을 제외한 물류 과정 전체를 물류 전문업체에 위탁하는 것으로, 과거에는 단순히 비용을 절감하기 위해 아웃소싱하는 것을 의미했으나, 지금은 물류회사가 제품의 생산에서 고객에 이르기까지 전 단계를 효율화하는 것을 의미한다.

최근 물류에서 가장 중요하게 떠오르는 분야는 회수물류Reverse Logistics 이다. 제품이 판매되어 고객에게 전달되는 것이 일반 물류라면, 고객에게서 판매사로 다시 돌아오는 것이 회수물류이다. 온라인 거래가 늘어나고 공유경제가 활성화될수록 회수물류는 증가할 수밖에 없다. 회수물류 시스템은 기업에 새로운 업무 프로세스를 추가로 요구하고 있다. 회수물류는 물류망 최적화 측면에서만이 아니라 기업의 이윤 측면에서도 매우 중요하다. 회수물류를 마케팅 활동으로 인식해 적절한 물류체계를 갖추지 못한 기업들은 이로 인해 큰 손실을 입는다. PwC 조사에 의하면 유럽의 전자제품 생산기업 중 60%는 회수물류를 중요한 것으로 인식하고 있으며, 이들 중 45%는 회수물류에 대한 확실한 전략을 수립한 것으로 파악되었다. 이들 기업은 반품과 리콜을 적절하게 처리해 비용을 줄이면서도 소비자의 만족도를 높이고 기업의 이미지를 제고한다.

물류업계에도 첨단 사물인터넷IoT 바람이 불고 있다. 첨단 IoT 기술을 도입해 운송 품질을 끌어올려 물류 시스템을 효율화하려는 움직임이다. SAP은 IoT 물류 서비스에 가장 적극적으로 움직이고 있다. SAP은 관리자가 운송 중인 화물의 위치, 내용물, 차량 상태와 성능 등을 정확하게 파악할 수 있도록 IoT를 통해 수집한 인도, 출하, 운송 등 물류에 관련된 단위 데이터를 컨테이너 및 위치정보 등과 결합해 제공하는 솔루션을 개발했다. 그리고 39만여 제휴 파트너를 거느린 보쉬 그룹과 협력해 물류 관련 분야에서 IoT 서비스를 추진하고 있다. 물류 IoT 솔루션을 기반으로 실시간으로 위치를 파악하고, 자동인식, 온도, 충격 등의 상태 데이터 서비스를 제공한다.

우리나라의 현대상선도 삼성SDS와 손잡고 화물 정보를 실시간으로 파악할 수 있는 IoT 솔루션을 구축했다. 미국의 페덱스도 화물의 위치는 물론 온도, 압력, 충격 여부까지 즉각 파악할 수 있는 IoT 기반의 물류 솔루션 '센스어웨어'를 선보인다. 이를 화물에 붙이면 위치, 습도, 포장 상태 등을 실시간으로 파악할 수 있다.

신유통시대에 드론 물류도 중요한 인프라 역할을 할 것으로 기대되고 있다. 드론 물류는 드론 배송, 상품적재, 재고정리, 구조물류 등 크게 4가지 분야에서 활용할 수 있다. 드론 배송은 물품배송에 드론을 활용하는 것으로, 소비자 배송 물류망을 혁신할 것으로 주목받고 있다. 미국의 아마존은 물류창고에서 드론에 상품을 실어서 16km 반경 거리에 30분 내로 배송하는 '프라임 에어' 서비스를 시작했다.

드론은 물류센터 내의 재고정리와 상품적재에도 활용되고 있다. CJ대한통운은 물류센터 전용 드론을 개발했다. 물류센터 전용 드론은 경로를 자율 비행할 수 있어서 물류센터 곳곳에 위치한 화물의 유통기한, 종류, 상태 등 재고정보를 파악해 전송한다. 물류센터 전용 드론은 재고관리에 소요되는 시간과 비용을 줄여줄 뿐만 아니라 작업자가 확인하기 어려운 높이에 있는 상품 정보도 쉽게 파악할 수 있다. 또한 드론을 이용해 물류센터 내의 상품적재도 할 수 있다. 드론은 조난 지역에 긴급 구조 물품을 지원하거나 의약품을 신속하게 배달하는 구조물류에도 활용되고 있다.

제2의 인터넷 혁명이라고 불리는 블록체인도 물류 시스템 분야에 혁명을 일으키고 있다. 블록체인은 거래가 성립되는 즉시 거래 내역을 안전한 방법으로 생성해 네트워크에 공유하는 것이다. 거래 과정에서 공증 등 다른 절차를 거치지 않고도 안전하고 신뢰도 높은 거래를 할 수 있다. 블록체인을 통해 거래 시간과 비용을 크게 절감할 수 있어서 물류 및 유통 분야에 점차 적용이 확산되고 있다. 월마트는 식음료 운송·판매 과정을 추적하기 위해 블록체인 기술을 도입했다. 중국 시장에서는 돈육 추적용으로 개발된 블록체인 파일럿 프로그램을 운영 중이다. 해운회사 머스크 라인은 물류 계약, 선적, 운반 등 전 과정에 블록체인 도입을 추진하고 있다. 블록체인을 통해 서류 업무를 획기적으로 줄여 연간 수억 달러의 물류비용을 절감할 수 있을 것으로 기대하고 있다.

중국 자위펀드 창업자 웨이저는 "소비자의 체험은 좋고, 싸고, 다양하고, 빠른 것 4가지로 요약할 수 있으며 전통적인 유통은 이 4가지 중 2가지를 희생해야 했다"고 말한다. 일례로 미국의 코스트코는 '좋은 것'과 '싼 것'을 선택하고 '다양한 것'과 '빠른 것'을 희생했다. 코스트코에서 판매하는 상품 수가 4,000여 종인 반면, 월마트는 취급하는 상품이 2만 종이 넘는다. 매장 수도 많지 않아 30분 이상 자동차를 운전해야 매장을 찾을 수 있다. 편의점은 '싼 것'과 '다양한 것'을 희생하고 '빠른 것'을 선택했다. 그는 신유통시대에는 이 4가지를 어떻게 다 제공할 수 있을지를 고민해야 한다고 말한다.

지금까지 전자상거래의 가장 큰 문제점은 고객 확보 비용과 물류비용의 증가였다. 앞으로 물류혁명을 거쳐 신유통이 등장하고 대규모 인프라가 생겨남에 따라 기업과 소비자는 더욱 가깝게 연결되어 유통 자체가 소비자 중심 모델로 바뀔 전망이다. 신유통시대에는 공급자와 소비자가 유기적으로 융합되어 전통적인 유통의 소유, 장소, 시간 효용성에서 한층 더 나아가 최적의 융합 효용성을 추구하게 될 것이다. 온·오프라인과 물류가 모두 통합되어 최고의 효용성을 창출하는 신유통시대를 한껏 기대해본다.

06. 카테고리 킬러의 등장

우리나라 온라인 커머스(e커머스)의 전체 매출은 점차 늘어나고 있는 추세다. 통계청의 온라인 쇼핑 동향 자료에 따르면 2021년 1월 e커머스 거래액은 15조 623억 원으로, 전년 동월 대비 22.4% 증가했다. 국내 e커머스 시장은 2016년 65조 원, 2017년 78조 원, 2018년 113조 원, 2019년 135조 원, 2020년 161조 원으로 성장을 거듭하고 있다.

전체 매출에서 e커머스가 차지하는 비중도 계속 높아지고 있다. 산업부가 발표한 2020년 업태별 매출 구성비를 살펴보면 e커머스가 46%에 달하는데, 이는 대형 마트 18%, 백화점 15%, 편의점 17% 등 다른 모든 채널을 합친 것과 맞먹는 규모다.

e커머스 시장이 커지면서 관련 산업도 폭발적으로 성장하고 있다. 대표적으로 직배송 구조로 차별화한 쿠팡은 2017년 매출 2조 6,844억 원에서 2020년 매출이 13조 원까지 증가했다. 쿠팡은 2021년 3월 미국 증시에 입성한 아시아 기업 중 네 번째로 큰 규모로 뉴욕증권거래소에 상장했다.

e커머스e-commerce는 전자상거래electronic commerce의 약자로 온라인 네트워크를 통해 상품과 서비스를 사고파는 것을 의미한다. 최근 스마트폰이 널리 보급되면서 모바일 쇼핑 비중도 급증하고 있다.

그런데 카테고리 킬러category killer(전문 유통업체) 앱들이 이런 e커머스 시장을 속속 장악하고 있다. 만물상처럼 모든 제품을 판매하는 대형 e커머스 앱과 달리, 카테고리 킬러 앱들은 신선식품, 리빙 인테리어, 패션 등 특정 카테고리를 전문적으로 취급하면서 인기를 끌고 있다.

실제로 2018년 9월 한 달간 G마켓, 11번가, 옥션, 쿠팡, 위메프, 티몬 등 온라인 e커머스 주요 6개 사의 전체 순방문자 수는 7,797만 4,886명으로 전년 동기 대비 600만 명가량 줄었다. 반면 마켓컬리, 당근마켓, 무신사, 오늘의집, 글로우픽 등 카테고리 킬러 앱들의 순방문자는 점점 증가하는 추세다.

대표적인 카테고리 킬러 앱인 마켓컬리는 신선식품 e커머스의 개척자이다. 헬로네이처, 미트박스와 함께 새벽배송을 시작해 신선식품 분야에 새로운 유통혁명을 일으켰다. 마켓컬리는 엄선된 제품만 신선식품 카테고리에 입점시키고, 소비자 눈높이에 맞추어 잘 큐레이션한 제품만 판매한다. 가격대는 높지만 다음날 아침 배송이라는 빠른 배송과 소비자들의 기준에 맞춘 높은 퀄리티 등이 알려지면서 거래액이 크게 상승하고 있다.

국내 새벽배송 시장은 2020년 약 2조 원에서 2021년에는 4조 원을 넘어설 것으로 전망된다. 2015년 29억 원이었던 마켓컬리의 매출은 2020년 9,523억 원으로 5년 만에 300배 이상 급성장했다. 매년 2배 이상 성장한 셈이다. 현재 회원 수는 700만 명을 넘어섰고 지난해 하루 평균 배송 건수는 8만 건으로 전년보다 2배가량 늘었다.

국내 최대의 패션 온라인 쇼핑몰 무신사는 2018년 11월 첫 일주일간 약 200억 원의 거래액을 기록했다. 이는 전년 동기 대비 200% 상승한 것으로, 무신사 오픈 이후 최고 주간 거래액이다. 무신사는 '무지하게 신발 사진이 많은 곳'이라는 뜻으로, 2001년 온라인 패션 동호회로 출발했다. 2013년까지만 해도 무신사는 거래액이 100억 원 수준에 그쳤다. 그러나 2017년에는 거래액이 3,000억 원에 달하며 30배 성장했다. 무신사는 다양한 패션 콘텐츠를 제공하고 수십만 개의 상품을 판매하는 온라인 패션 플랫폼 1위 사업자로 성장했다.

2020년 무신사는 미국의 벤처캐피털VC 세쿼이아캐피털과 국내 투자회사 IMM인베스트먼트로부터 1,300억 원을 투자받았다. 무신사는 2조 5,000억 원대의 기업가치를 인정받았다. 무신사의 성장은 코로나19에도 계속되었다. 2020년 국내외 패션업계가 코로나19로 인해 불황에 빠진 가운데서도 무신사의 거래액은 1조 4,000억 원을 달성했다.

2015년 첫 서비스를 시작한 당근마켓은 위치기반 중고거래를 서비스해 2019년 3,000억 원의 기업가치를 인정받았다. 2017년 2조 1,000억 원이던 거래액이 2018년 2조 5,000억 원, 2019년 3조 5,000억 원, 2020년에는 5조 원을 돌파했다. 기업가치는 2019년 3,000억 원에서 1년 만에 1조 원으로 올랐다.

인테리어 플랫폼 서비스 '오늘의집'을 운영하는 버킷플레이스는 2020년 11월 미국 실리콘밸리 벤처캐피털에서 대규모 투자를 받으면서 유니콘 기업으로 올라섰다. 버킷플레이스의 누적 투자 유치액은 약 880억 원이다. 오늘의집 앱 누적 다운로드 수는 1,500만 건이고, 오늘의집을 통한 월 거래액은 전자상거래 금액과 인테리어 시공비까지 합쳐 약 1,000억 원에 달한다.

글로우픽은 뷰티 서비스 플랫폼으로, 광고나 협찬 없는 정직한 화장품 리뷰를 바탕으로 순위를 매기는 앱이다. 2020년 10회째를 맞이한 '글로우픽 컨슈머 어워드'는 글로우픽에 등록된 소비자 리뷰를 분석해 총 200여 개의 최고의 화장품을 선정했다. 글로우픽 리뷰는 칭찬 일색인 블로그 리뷰와는 달리 장단점을 가감 없이 말하는 덕분에 신뢰성이 높아서 소비자들이 안심하고 찾아볼 수 있다.

카테고리 킬러는 백화점이나 슈퍼마켓 등과 달리 상품 분야별로 전문매장을 특화해 상품을 판매하는 것을 뜻하는 용어다. 무신사(패션), 마켓컬리(신선식품), 당근마켓(중고거래), 오늘의집(인테리어), 글로우픽(뷰티)은 모두 신新쇼핑을 기반으로 한 카테고리 킬러 앱이다. 각 전문분야별 충성 고객을 보유한, 젊고 트렌디한 감성으로 성장하고 있는 새로운 e커머스 분야다.

소비자는 좋고, 싸고, 다양하고, 빠른 것을 원한다고 한다. 전통적인 오프라인 유통은 이 4가지 중 2가지를 희생해야 했다. 그러나 카테고리 킬러 앱은 이 4가지를 다 제공할 수 있거나 적어도 2가지를 희생하지 않아도 된다. 왜냐하면 이미 전문적인 상품만 취급하기 때문에 상품에 좀 더 집중할 수 있고 가격 및 품질 경쟁력을 가지고 있기 때문이다. 여기에 신물류 서비스까지 제공하면서 경쟁력을 더욱 높이고 있다.

카테고리 킬러 앱의 유통 과정에서 가장 중요하게 떠오르는 신물류 서비스는 콜드체인Cold Chain과 회수물류Reverse Logistics이다. 카테고리 킬러 앱뿐만 아니라 e커머스 업계 전체가 '콜드체인' 인프라 확충에 한창이다. 온라인·모바일 e커머스 취급 상품 영역이 일반 공산품에서 식품으로 확대되면서 냉장 및 냉동 시스템이 요구되고 있기 때문이다.

이마트는 현재 경기도 용인 및 김포 온라인 물류센터에 콜드체인 시스템을 구축해 운영 중이다. 티몬도 물류센터에 별도 냉장 및 냉동 창고를 운용한다. 냉장고는 영상 4도, 냉동고는 영하 20도를 유지하고, 배송 물품의 신선도를 유지하기 위해 배송 차량에 '온도관제기능'까지 적용했다.

콜드체인은 육류·어류·채소 등의 신선식품을 생산지에서 소비자에게까지 저온을 유지해 선도를 떨어뜨리지 않고 배송하는 방식이다. 신선식품의 공급은 자연조건에 좌우되고 유통이 복잡하다. 생산자에서 소비자까지 도달하기 위해서는 여러 단계를 거쳐야 한다. 그런 탓에 시간이 오래 걸려 선도가 떨어지고 가격 변동이 심해 유통경비가 증가하는 등 여러 문제가 있다. 콜드체인은 이런 문제를 해결해주는 물류 시스템이다.

기존 e커머스 서비스의 가장 큰 문제점은 마케팅 비용과 물류비용의 증가였다. 그런데 카테고리 킬러 앱을 통한 e커머스 시대가 오자 콜드체인과 회수물류를 통해 판매자와 소비자가 더 유기적으로 연결되어 '좋고' '싸고' '다양하고' '빠른' 것을 제공하면서 전통적인 e커머스보다 소비자 만족도를 한층 높일 수 있게 되었다. 그러나 이로 인한 물류비용은 더욱 증가할 전망이다. 카테고리 킬러 앱 중에서 최적의 융합 효용성을 만들어내 신물류혁신을 하는 기업만이 생존하게 될 전망이다.

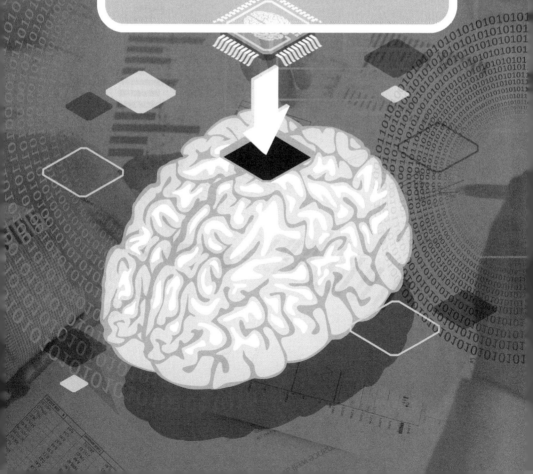

PART 6

연결하는 인간
호모 커넥투스

01. 인간관계의 진화, 초연결 시대

물건들이 말을 걸고 스스로 행동하기 시작했다. 인공지능 기술이 탑재된 스피커는 사람들과 대화를 주고받고, 냉장고는 카톡으로 음식의 유통기한을 알려주며, 네트워크로 연결된 자동차는 자율주행을 하고, 로봇 청소기는 먼지를 감지해 스스로 청소하고, 로봇 요리사는 열심히 요리를 한다.

인류 문명의 역사는 연결connectivity의 역사라고 할 수 있다. 이 '연결'에 이전에 보지 못했던 혁명적 변화가 일어나려 하고 있다. 바로 '초연결 Hyper Connectivity'이다. 인공지능AI, Artificial Intelligence과 사물인터넷IoT, Internet of Things 기술의 발달로 영역들 간의 경계가 사라지고 기술이 융합되어 연결되는 '초연결 시대'에 접어든 것이다. 인공지능은 학습을 통해 지능을 갖는 능력이고, 사물인터넷은 모든 물건이 네트워크를 통해 정보를 주고받는 기술이다. 초연결 시대에는 사람과 사람, 사람과 사물, 사물과 사물 사이의 연결이 무한대로 확장되고 인공지능 기술이 접목되어 지금과는 전혀 다른 새로운 세상이 만들어진다.

초연결 시대에 인간은 현생 인류인 '호모 사피엔스Homo Sapiens'에서 '호모 커넥투스Homo Connectus'로 진화할 전망이다. 초연결 시대의 기반은 연결이다. 사람과 사물, 사물과 사물 사이의 연결을 통해 데이터가 생성되고 클라우드 컴퓨팅을 통해 언제 어디서든 접근과 공유가 가능하다. 이렇게 생성된 데이터를 인공지능 기술을 통해 분석하고, 지식을 축적하며, 지능을 업그레이드하고, 자동으로 최적의 의사결정을 하게 된다. 이런 초연결 사회는 지금까지와는 다른 문화와 경제를 만들어내고 새로운 사회적 가치를 형성해나갈 것이다.

스탠리 빙Stanley Bing 교수는 《포춘Fortune》지에 기고한 디지털 인간에 관한 특집기사에서 "2010년 섬광을 발하며 새로운 인간 종이 나타났다. 이 인류는 '호모 커넥투스'로 이름 지어졌다"라고 하면서 호모 커넥투스를 처음으로 언급했다. 송형권 교수는 저서 《호모 커넥서스》에서 "우리가 맞이하고 있는 시대는 초연결 사회다. 또한 초협업 시대이기도 하다. 이 시대를 살아가는 신인류를 글로벌 초연결 인간, 즉 호모 커넥서스Homo Connexus라 칭한다"고 했다.

세계 최초의 웹 브라우저인 넷스케이프의 공동 개발사이자 벤처투자사 앤드리슨 호로비츠Andreessen Horowitz의 창업자인 마크 앤드리슨은 2011년에 "소프트웨어가 세상을 삼킬 것이다"라고 말했다. 이 예언은 점점 더 현실이 되어가고 있다. 자동차, 항공기를 포함한 모든 장치와 사물에서는 소프트웨어가 차지하는 비중이 점점 커지고 있으며, 네트워크 연결을 통해 정보를 주고받고 지능화되고 있다. 이렇게 연결되고 지능화된 사물들은 초연결 시대를 점점 가속화할 전망이다.

유발 하라리Yuval Noah Harari는 《사피엔스Sapiens》에서 현생 인류가 인지혁명을 통해 지속적으로 발전했다고 설명한다. 인지혁명은 약 7만 년 전부터 3만 년 전 사이에 출현한 사고방식과 의사소통 방식으로, 언어가 중요한 역할을 했다. 인류는 언어를 통해 정보를 공유하고 서로 연결할 수 있었다. 인간은 사회적 동물이다. 사회적 협력은 우리의 생존과 번영에 핵심적 역할을 한다. 인간의 이런 사회적 본능은 연결의 폭을 점점 더 넓혀나갔다.

인간의 연결 능력은 농업혁명을 통해 인류를 유목민에서 정착생활을 하는 농경민으로 발전시켰고, 교역을 통해 세계화를 이루게 했다. 전신과 전화 등 통신기술의 발명은 인류의 연결을 폭발적으로 증대한 계기가 되었다. 그리고 1990년대에 등장한 인터넷은 우리 사회의 큰 변화를 이끌면서 정보화 시대라는 새로운 사회를 만들었다. 인류의 연결은 여기서 멈추지 않고 모든 사물이 연결되는 초연결 시대를 만들어가는 중이다.

호모 커넥투스는 사람과 사람, 사람과 사물, 사물과 사물 간 연결을 무한대로 확장할 것이다. 호모 커넥투스의 결정적 특징은 지식의 자동생산이다. '지식의 자동생산'과 '초연결'은 우리가 익숙해져 있는 삶의 모습을 크게 바꿀 것이다. 초연결 도시인 스마트시티가 고도화하고 자율주행차가 보편화하면서 출퇴근 문화와 부동산 지형도도 바뀔 것이다. 또한 생산과 소비가 실시간으로 연결되는 '신유통' 시대도 보편화할 것이다. 빅데이터와 AI를 기반으로 한 의료 시스템과 교육 시스템도 호모 커넥투스를 한층 더 진화한 인류로 만들 것이다.

커넥티드 카Connected Car는 초연결 시대의 대표주자다. 글로벌 자동차 회사뿐 아니라 애플, 구글, 테슬라, 인텔, 삼성전자, 통신사 등 IT 기업들이 뛰어들어 각축을 벌이고 있다. 매킨지는 차량 공유, 자율주행차 등 모빌리티 혁신으로 2030년에는 전 세계 50개 대도시에 약 6,000억 달러(717조 원)의 경제적 효용성을 제공할 거라고 발표했다.

사물인터넷은 도시, 공장, 가정, 에너지, 의료, 환경, 자동차 등 모든 영역을 네트워크로 연결할 것이다. 전 세계 사물인터넷 시장은 향후 약 5,000조 원 규모로 성장할 것으로 예상된다. 미국의 시장조사업체 IDC에 따르면, 2021년 글로벌 사물인터넷 시장규모는 7,450억 달러(835조 원) 규모로 지난해보다 15.4% 증가할 것으로 추산된다. 한국은 미국, 중국, 일본, 독일에 이어 세계 5위 규모의 시장으로 성장할 것으로 전망했다.

과학기술정보통신부에서 발표한 국내 사물인터넷의 분야별 서비스 매출액을 살펴보면, 스마트 공장 확산 등으로 제조업이 5,285억 원(28%)을 차지했고 건설·시설물 관리·환경이 3,368억 원(18%), 자동차·항공·선박이 2,443억 원(13%), 스마트홈이 1,454억 원(8%), 금융이 1,450억 원(7%) 순으로 나타났다. 우리나라는 세계에서 가장 앞선 통신 인프라를 가지고 있다. 5G 기반 사물인터넷 서비스도 점차 확산될 전망이다.

초연결 시대에는 핀테크를 중심으로 한 금융 분야에도 크게 변화가 일어날 전망이다. 모바일 결제와 송금, 로봇을 이용한 로보어드바이저, AI를 활용한 투자 및 대출 등도 보편화될 것이다. 음식과 관련된 푸드테크 시장도 크게 성장할 전망이다. 배달 앱, 온라인 식품을 넘어 전자식권, 공유주방, 대체식품, 로봇 요리사 등이 크게 성장할 것이다. 연결을 확대하는 플랫폼이 늘어나고 연결이 점차 지능화하면서 '공유'의 가치도 확산

될 전망이다. PwC는 공유경제의 5가지 분야(숙박, 차량, 금융, 미디어, 비서)에서만 2025년까지 약 3,350억 달러의 매출이 일어날 것으로 발표했다.

초연결 시대에는 유통, 물류, 의료, 금융, 교육, 미디어 등 거의 모든 산업분야에서 제품에서 서비스로의 전면적인 혁신이 일어날 것이다. 앞으로는 소유가 아닌 연결이 필수적인 요소가 될 것이다. 모든 것이 연결된 초연결 사회를 살아가는 신생 인류 '호모 커넥투스'의 시대가 도래한 것이다.

02. 은행 없는 통장

서초동의 한 뷔페에서 한창 아기 돌잔치를 하고 있던 회사원 P모씨의 휴대폰에 '딩동' 하며 돈이 송금되었다는 알람이 떴다. 회사 동료 K씨가 돌잔치에 참석 못 해 미안하다며 카톡으로 10만 원을 송금한 것이다.

이제는 송금을 할 때 계좌번호, 복잡한 절차, 공인인증서 등이 필요 없다. 카카오톡에 친구로만 등록되어 있으면 바로 송금이 가능하다. 은행 송금 시장에서 10만 원 이하의 비중이 최대 30% 수준에 이른다는 점을 감안하면 IT 플랫폼을 통한 소액 송금은 앞으로 더욱 늘어날 전망이다.

'핀테크fintech'는 '금융financial'과 '기술technique'의 합성어로 모바일 결제 · 송금 · 자산관리 · 크라우드 펀딩 등 금융 서비스와 관련된 새로운 기술을 의미하며, 금융 서비스와 관련한 소프트웨어나 의사결정, 분석, 위험관리 등 운용 성과를 향상할 수 있는 금융기관 업무 전반에 필요한 기술들을 총칭한다.

핀테크가 급속도로 발전한 시점은 2008년 글로벌 금융위기 이후이다.

경제위기 상황에서 제대로 대응하지 못한 기존 금융 서비스에 대한 불신과 ICT 기술의 급속한 발전으로 새로운 금융 서비스 플랫폼이 등장하게 된 것이 직접적인 원인이라고 할 수 있다. 현재 핀테크는 결제, 송금 분야가 가장 활발하며, 인터넷 은행, 자금 투자 등 금융 본연의 업무까지도 파고들었다.

핀테크는 크게 전자결제 시스템, 금융투자 플랫폼, 전자화폐 등 3가지 분야로 구분할 수 있다. 전자결제 시스템Digital Payment Systems은 제품 및 서비스 구매 시 사용자가 등록한 카드나 계좌 정보를 활용해 간편하게 결제하도록 하는 것으로 대표적인 사업자로는 해외의 페이팔, 알리페이, 스퀘어, 국내의 이니시스, 카카오페이 등이 있다. 핀테크 사업자와 은행, 카드사 등 기존 금융업체가 제휴한 형태가 많으며, 비콘, NFC, 전자지갑 등 새로운 서비스가 지속적으로 출시 중이다.

전자상거래 업체 이베이eBay의 결제 전문 자회사인 페이팔은 전 세계 온라인 결제의 18%를 차지하고 있다. 알리페이는 중국 알리바바의 자회사로 공상은행, 농업은행 등 주요 대형 은행들과 협력관계를 구축해 중국 내 온라인 결제 시장을 선점했다. 미국의 스퀘어는 카드 리더기 결제 서비스를 출시하면서 모바일 결제 시장의 신흥강자로 떠올랐다.

금융투자 플랫폼Online Finance and Investment Platform은 대출, 크라우드 펀딩 등 투자 관련 금융을 서비스하는 온라인 플랫폼을 의미하는데, 낮은 수수료와 신속한 모금, 사용자 편의 서비스 덕분에 사용자가 점차 확대되는 추세이다. 특히 빅데이터를 기반으로 사용자 신용도를 분석하기 때문에 사고율이 낮고 변제율이 높으며 벤처기업, 소상공인 등 기존 금융

권의 투자를 받지 못한 사람들의 새로운 투자처로 인식되면서 스타트업 활성화의 원동력으로 발전하고 있다.

대표적인 해외 사업자로는 크라우드 펀딩 전문기업인 미국의 킥스타터 Kick Starter, 인디고고Indiegogo와 개인 간 소액대출을 서비스하는 영국의 조파ZOPA, 프로스퍼Prosper 등이 있다. 기존의 대출은 금융권에서만 받을 수 있었지만, 영국에서 시작된 조파는 개인들이 온라인상에서 대출을 받을 수 있도록 중개해준다. 많은 사람들의 우려에도 불구하고 대출자들의 연체율은 생각보다 매우 낮았고 회사의 수익도 높아 성공적인 비즈니스 모델로 자리 잡았다.

현존하는 가장 오래된 대출 기록은 기원전 3200~2300년의 것으로 추정되는 메소포타미아 지역의 점토판에 기록된 것으로, 점토판의 소유자가 추수 때 받을 보리의 양과 만기가 되면 지급해야 할 은화 등이 새겨져 있다. 빌린 물품에 대한 거래 기록과 지급 기일도 기록했다.

전자화폐는 이전 가능한 금전적 가치가 전자적 방법으로 저장되어 발행된 증표 또는 그 증표에 관한 정보로서 온라인에서 거래 가능한 가상화폐를 의미하며, 잘 알려진 비트코인 등 신규로 등장한 전자화폐들과 엠페사M-Pesa 등 기존 화폐의 결제수단을 보조하는 화폐를 통칭한다. 전자화폐 외에 개인, 기업 간 송금 서비스 등도 포함한다.

케냐의 모바일 송금 서비스 엠페사는 은행 없이 휴대전화로만 금융 시스템을 만들 수 있다는 가능성을 보여주며 글로벌 금융시장에 화제로 떠올랐다. 은행계좌 없이, 거래기능이 탑재된 휴대전화를 통해 수취인의 전화번호만으로도 송금이 가능하며 동네 슈퍼마켓이나 잡화상 등 엠페사 충전소에서 현금을 내면 계정에 돈이 충전되고 계정에 있는 돈을 현금화할 수도 있다. 케냐에서는 택시, 시장 좌판에서도 엠페사를 사용하는데, 2014년 1월 기준으로 엠페사의 거래량이 케냐 GDP의 43%에 이를 만큼 실물 경제에 미치는 영향력이 크다. 아시아와 남미 등 금융 인프라가 발달하지 않은 국가들에도 엠페사를 벤치마킹한 서비스가 속속 등장했다.

최근 5년간 전 세계의 핀테크 투자 규모가 3배 이상 성장할 만큼 금융과 정보기술의 융합이 빠른 속도로 진행되고 있다. 회계·컨설팅 기업인 KPMG가 발간한 핀테크 동향 분석 보고서에 따르면 2020년 글로벌 핀테크 투자는 1,053억 달러 규모였고 핀테크 기업에 대한 VC 투자는 423억 달러로 역내 최고로 높았던 것으로 나타났다. 글로벌 금융 허브인 영국은 핀테크 산업의 중심지로 부상했다. 영국의 핀테크 산업 종사자는 13만 5,000여 명으로, 런던에만 약 1,800여 개의 핀테크 기업이 있다. 영국의 대표적인 핀테크 기업인 트랜스퍼와이즈TransferWise는 소액 송금 전문기업으로 꾸준한 성장세를 보이고 있다.

중국 핀테크의 대표주자는 알리바바다. 알리바바는 수억 명의 모바일 사용자를 기반으로 다양한 핀테크 서비스를 출시했다. 알리바바의 핀테크 회사인 마이그룹의 핵심인 모바일 지불결제는 시장점유율이 50%가 넘는다. 결제 플랫폼 즈푸바오支付寶(알리페이)는 연간 활성화 고객만 10억 명이 넘는다. 마이그룹은 재테크 분야에서도 자산관리 규모가 4조 위안으로 업계 1위이고, 중국 최대의 온라인 P2P 회사이자 최대 온라인 보험 서비스 플랫폼이다.

2009년에 설립된 독일의 피도르Fidor 은행은 IT를 접목한 혁신적인 온라인 은행으로, 페이스북, 트위터 등 온라인 매체를 활용해 독창적인 금융 서비스를 제공하고 있다. 피도르는 고객이 질문을 하면 10센트, 다른 사용자에게 추천하면 25센트, 제안한 상품이 선정되면 100유를 인센티브로 지급하는 제도를 운영하고 있으며, 신규고객은 페이스북 커넥트를 통해 계좌를 신청할 수 있는 소셜 뱅킹 서비스를 제공해 인기를 끌었다.

반면 우리나라의 핀테크 산업은 해외에 비해 뒤처져 있는데, 그 주된 원인으로 지적되는 것이 금융 분야의 과도한 진입장벽과 규제이다. 여신전문금융업법 등 금융 관련 법률들이 금융업 진입 조건을 엄격하게 규정하고 있고, 금융위원회와 금융감독원 등의 심사를 통과해야 한다. 이로 인해 핀테크 등 타산업과 금융업의 융합이 정체되고 있다. 그럼에도 불구하고 핀테크를 통한 금융산업의 변화는 곳곳에서 감지되고 있다.

은행의 대표적 영업공간인 오프라인 영업점은 1층에서 2층으로 점차 옮겨가고 있으며, 지점 수도 계속 줄고 있다. 앞으로의 영업점은 신기술 테스트 및 브랜드 마케팅 효과를 유도하기 위한 플래그십 스토어 형태로 변화할 가능성이 크다. 일부 은행들은 전통적인 영업점 중심의 금융 서비스 방식에서 벗어나 핀테크 기업을 적극적으로 인수하거나 제휴를 맺는 등 발 빠른 변화를 꾀하고 있다. 핀테크의 등장으로 온라인과 오프라인 간의 경계가 허물어지고 금융업과 타산업의 융합이 본격화되고 있는 시점에서 ICT를 통해 새로운 금융 서비스 시대가 만개하기를 희망해 본다.

03. 컴퓨터 밖으로 나온 쇼핑

직장인 이수연씨(29)는 주말에 서울 신사동 가로수길에 갔다. 지하철을 타고 가면서 신사역에 거의 도착했을 때 가고 싶었던 카페에 스마트폰으로 접속해 디저트와 커피를 수분하고 미리 결재했다. 카페에 도착해 자리에 앉자마자 따끈한 커피와 디저트가 나왔다. 줄을 설 필요도, 주문하고 결제할 필요도 없었다. 카페는 신사동이라는 현실세계 공간에 있지만, 거래는 모두 온라인에서 이루어졌다. 바로 'O2O Online to Offline' 서비스다. 스마트폰은 사용자가 어느 곳에 있든 모든 것을 온라인으로 검색하고 소비할 수 있는 환경으로 바꿔놓았다.

온라인과 오프라인의 결합을 의미하는 O2O가 등장하면서 온라인과 오프라인의 경계가 허물어지고 있다. 우리나라의 민간소비 규모는 약 800조 원에 달하는데, 이중 온라인 거래 규모는 2020년의 경우 약 161조 원에 불과했다. 640조 원은 여전히 오프라인 매장에서 거래가 이루어진 것이다. KT 경제경영연구소에 따르면, 향후 산업 전반에 O2O 서비스가 확대되고 핀테크 기반 기술이 발전하면서 국내 O2O 시장 규모는 약 300조 원에 달하는 시장으로 확대될 전망이다.

인터넷 쇼핑이 컴퓨터 밖으로 나와 스마트폰으로 들어오고 있다. 길거리 매장 안이나 매장 근처에서 '상품 검색→주문/예약→결제'까지 스마트폰으로 처리하고 실제 매장에서는 '소비'만 할 수 있다. 이제 스마트폰 앱하나면 모든 것이 해결된다. 다양한 오프라인 영역을 온라인으로 확장한다는 점에서 O2O는 무한한 성장 가능성을 갖고 있다. 스마트폰의 보급과 함께 사회의 전 영역이 모바일화되면서 온라인과 오프라인의 구분이무의미한 시대가 되었다. O2O는 오프라인 마케팅과 온라인 네트워크를결합한 서비스를 말한다. 판매자들은 온라인을 통해 마케팅 활동을 할수 있고, 소비자들은 오프라인에서 이용했던 상품 및 서비스를 온라인을통해 그대로 제공받을 수 있는 것이다.

오프라인 외식업체를 광고하는 전단지를 스마트폰에 넣은 '배달의민족'은 5조 원 이상의 기업가치를 가진, 한국을 대표하는 유니콘 기업으로 성장했다. '야놀자' '카카오택시' '직방' 등이 국내 O2O 서비스를 대표하는 브랜드들이다. 스마트폰 앱을 통해 온라인 세상과 오프라인 세상을연결했다는 점에서 O2O 서비스는 초연결과 유사하다. 현실세계와 가상세계를 연결하는 O2O는 궁극적으로 온라인과 오프라인이 하나가 된 것처럼 만들어준다.

더 이상 인터넷 은행 설립이나 P2P 대출 등 금융 서비스에 핀테크의초점을 맞추지 말아야 한다. 그보다 훨씬 거대한 O2O 시장이 새롭게 열리고 있다. 300조 원에 달하는 국내 O2O 시장은 핀테크를 통해 완성될수 있다. 그러나 이와 관련된 대부분의 정책이나 행정을 담당하는 곳에서는 핀테크를 신기술 금융 서비스에 국한해서 바라보고 있는 것이 현실이다. 핀테크는 O2O 시장을 만개시킬 날개이고, 오프라인과 모바일이 결합된 새로운 시장을 창출할 중요한 인프라이다.

O2O로 인해 오프라인 서비스의 품질도 개선되고 있다. 배달의민족, 카카오택시, 야놀자, 직방, 우버 등은 이용자가 서비스 제공자를 평가하는데, 이 평가가 다음 사용자들의 구매의사에 결정적인 영향을 미친다. 서비스 제공자의 평판이 매출과 직결되는 시스템인 것이다.

최근에는 O2O를 넘어서 O4O Online for Offline라는 개념도 등장했다. O4O는 온라인을 통해 쌓인 고객 데이터와 기술을 바탕으로 오프라인 매장의 서비스를 향상시키는 것이다. O4O 서비스의 대표 사례는 아마존의 무인 편의점 '아마존고'다. 스마트폰 앱을 설치하고 매장에서 쇼핑을 한 뒤 상품을 그냥 들고 나오면 된다. 중국의 알리바바도 디지털 신선식품 매장 '타오카페'와 무인 편의점 '빙고박스'를 운영 중이다. 아마존은 빅데이터 분석 전문 계열사 아마존9를 통해 1억 6,000만 명의 '아마존 프라임' 고객들의 취향을 고객 자신들보다 더 잘 파악하고 있다.

중국의 중국연쇄경영협회와 딜로이트가 공동 발표한 보고서에 따르면, 자동차 소비를 제외한 중국의 2019년 소비재 판매액은 35조 3,000억 위안(약 6,100조 원)이다. 유통채널의 76.7%를 차지했던 점포 기반 소매 유통 비율은 지난해 72%대로 하락했고, e커머스 채널 매출이 전년 대비 20.4% 증가하는 등 O2O를 중심으로 한 내수 소비가 확대되고 있다. 중국을 비롯해 미국, 일본 등 해외 여러 나라에서도 O2O 서비스가 급격히 확산되고 있으며, 사업 개발 및 확장을 위한 투자도 활발하다.

하지만 O2O 서비스를 활성화하기 위해서는 풀어야 할 과제도 많다. 수많은 사업자의 참여로 인해 쇼핑몰 인근을 지나거나 쇼핑몰에 들어갔을 때 소비자가 원하지 않는 스팸성 정보를 수신할 수 있으며, 이는 고객이 단말기에서 해당 기능을 비활성화하는 저항으로 이어질 수 있다. 따라서 소비자에게 꼭 필요한 정보만 제공하려는 노력이 필요하다. 법적 규제와 정책 이슈도 넘어야 할 산이다.

'타다' 운영사 브이시엔시VCNC는 2020년 4월 11일 자정을 기점으로 서비스를 전면 중단했다. 포털 사이트 '다음'의 창업자인 이재웅 전 쏘카 대표가 모빌리티 혁신을 꿈꾸며 2018년 10월 타다를 선보인 지 약 1년 6개월 만이었다. 소비자들에게 인기를 끌며 고공 행진하던 타다 서비스가 정부의 규제로 사업을 철수하게 된 것이다. O2O 사업자들의 치열한 경쟁으로 인해 그 비용이 소상공인들에게 전가될 거라는 우려도 있다. 배달 앱 성공의 이면에는 과도한 수수료로 소상공인의 부담이 가중된다는 그림자가 있어서 사회적 논란거리가 되기도 했다.

O2O 서비스에 종사하는 국내 플랫폼 노동자는 2019년 기준 52만 1,000명 정도인 것으로 조사되었다. 관련 기업은 555개이며 거래액은 100조 원에 육박한다. O2O 서비스가 다양한 과제를 극복하고 오프라인 경제의 뿌리를 튼튼하게 하는 동시에 자생력을 갖춘 새로운 성장 산업으로 발전할 수 있도록 규제 완화와 정책적 지원이 절실히 필요하다.

04. 냉장고가 보낸 카톡 메시지

딩동! "주인님 우유와 계란이 얼마 안 남았습니다. 주문하도록 하겠습니다." 냉장고가 보내온 카톡 메시지다. 이처럼 사물들이 유무선 인터넷으로 연결되어 서로 정보를 교환하는 것을 사물인터넷IoT, Internet of Things이라고 한다. IoT는 각종 사물에 컴퓨터 칩과 통신 기능을 내장해 인터넷에 연결하는 기술을 의미한다.

여기서 사물이란 가전, 모바일 기기, 웨어러블 기기 등 정보를 전달할 수 있는 다양한 임베디드 시스템이다. 사물인터넷에 연결되는 사물들은 자신을 구별할 수 있는 유일한 아이디와 통신 능력, 데이터를 처리하는 능력 및 필요할 경우 센싱 능력을 가져야 한다. 시스코 시스템스는 사물 인터넷 시장이 최대 약 14조 달러(약 2경 원)의 엄청난 경제적 가치를 창출할 것으로 예측했다.

MIT의 오토 ID 센터Auto-ID Center 소장인 케빈 애시턴Kevin Ashton이 1999년에 제안한 초기의 IoT 정의는 '인간과 사물, 서비스 3가지로 분산된 환경요소에 대해 인간의 명시적 개입 없이 상호 협력적으로 센싱, 네트워킹, 정보처리 등 지능적 관계를 형성하는 사물공간 연결망'이었다. IoT 개념이 처음 대두된 시기부터 지금까지 IoT에서 가장 중요한 요소는 사물 간의 연결망인 것이다. 가트너에 따르면 2009년까지 사물인터넷 기술을 사용하는 사물의 개수는 9억 개였으나 2020년에는 이 수가 260억 개에 이르렀다. IoT 시대에는 방대한 데이터가 모이게 되는데, 이것이 바로 빅데이터다.

자동차가 냉장고에게 메시지를 보내고, 스마트폰을 이용해 실내온도나 세탁기, 로봇 청소기를 컨트롤하고, 어린아이와 애완견의 위치를 찾고, 재배작물로부터 정보를 받은 비닐하우스가 온도나 빛을 자동으로 맞춰주고, 팔찌를 통해 병원으로 건강정보를 보내는 기능들은 이미 익숙한 풍경이 되었다.

IoT는 크게 수직적 유형과 수평적 유형으로 나눌 수 있다. 수직적 유형 Vertical Model은 자동차, 공장, 의료 등 각 산업 영역별로 독자적인 IoT 인프라를 구축하거나 단독 제품을 통해 서비스를 제공하는 형태이다. 지금까지 진행되어온 M2M Machine to Machine을 포함한 B2B 영역은 대부분 수직적 모델이라고 볼 수 있다. 수직적 유형은 각 산업에 특화된 기능을 단기간에 구축해 활용할 수 있으나 서비스 간 연계를 통한 시너지 효과는 기대하기 어렵다. 이런 수직적 유형들이 많아지면 소비자 입장에서도 이용하는 데 어려움이 따를 수 있다.

수평적 유형 Horizontal Integration Model은 자동차와 의료 등 각기 다른 산업 영역들이 공통 플랫폼을 통해 데이터를 수집하고 공유하는 모델이며 이에 기반한 다양한 서비스가 나올 수 있다. 수평적 모델에서 가장 중요한 요소는 '플랫폼'으로, 다양한 분야에서 모은 빅데이터를 활용해 가치 있는 서비스를 제공할 수 있다. 수평적 모델을 통해 수많은 IoT 기기들이 연결되는 초연결망 시대를 만들 수 있다.

IoT 플랫폼은 크게 2가지 축으로 구분할 수 있다. 한 축은 '디바이스 중심' 대 '데이터 중심' 축이다. 또 다른 축은 '서비스 중심' 대 '커넥티비티 중심' 축이다. 이를 통해 4가지 IoT 플랫폼 유형이 나온다.

'서비스-디바이스 중심' 플랫폼은 독립적인 제품 간의 연결을 통한 공통 서비스 기능을 강조한 플랫폼으로 애플과 퀄컴 등 플랫폼 사업자들이 경쟁하는 분야이다. '데이터-서비스 중심' 플랫폼은 데이터의 수집 및 분석을 통한 다양한 서비스 제공에 무게를 두는 플랫폼으로 구글과 IBM 등 데이터 수집 및 분석에 역량이 있는 기업들이 경쟁하는 분야이다. 기기 간 상호 연결성에 초점을 맞추는 '디바이스-커넥티비티 중심' 플랫폼에서는 주로 통신사와 시스코 같은 네트워크 장비를 개발하는 기업들이 제품을 내면서 경쟁하고 있다. '데이터-커넥티비티 중심' 플랫폼은 표준 데이터 수집 및 전송 기술을 이용해 웹 기반 연결성을 강조하는 플랫폼으로 다양한 응용 서비스에 연결해서 쓸 수 있도록 기능을 제공한다.

현재 IoT 분야에는 다양한 수직적 서비스를 제공하는 수직적 플랫폼들이 등장하고 있다. 단일 산업 영역에서 구축적으로 만들어지는 B2B 부문이나 B2C 형태의 서비스들이다. 일반 소비자들은 스마트폰의 연결을 통해 다양한 서비스를 제공받고 있다. 운동량을 체크하는 핏빗Fitbit이나 어린이용 위치 추적 팔찌 등 스마트폰과 연계해서 서비스되는 다양한 웨어러블 기기들이 이에 해당한다. 그러나 현단계에서는 연결되는 IoT가 증가할 때마다 앱을 추가로 설치해야 하고 제품들 간에 연동이 되지 않아 추가적 가치(데이터 분석 등)를 창출할 수가 없다.

IoT 시장이 본격적으로 활성화하려면 수직적 플랫폼에서 한발 더 나아가 수평적 플랫폼으로 확장되어야 하고, 이를 위해서는 서비스 간, 기기 간 데이터 전송을 위한 표준화 작업이 활발히 이루어져야 하며, 다양한 융합 서비스가 가능하도록 플랫폼 기능도 확장되어야 한다. 영화에서나 볼 수 있었던, 모든 사물이 연결되는 초연결 시대는 이제 먼 미래의 얘기가 아니다. 우리의 삶 속에서 실제로 하나씩 만나게 될 것이며, 인간과 사물, 사물과 사물을 연결하는 '연결망 결속'은 앞으로 점점 더, 더욱더 가속화할 전망이다.

05. 현금 없는 사회

　　최근 코로나19가 세계적으로 확산되면서 현금을 사용하지 않는 '캐시리스cashless' 사회가 앞당겨지고 있다. '캐시리스 사회'는 현금cash을 가지고 다닐 필요가 없는 사회라는 의미이다. 개인 또는 기업이 물품이나 서비스 등을 구매할 때 현금 대신 신용카드, 체크카드, 모바일 기기를 이용해 거래와 결재를 하는 것이 일반화된 사회를 의미한다. IT 산업의 발달로 컴퓨터와 네트워크가 잘 갖춰지고 금융기관 업무가 전자정보처리시스템EDPS, Electronic Data Process System화함으로써 캐시리스 사회가 가능해졌다.

　　우리나라도 점차 카드나 모바일 결제가 주류를 이루는 캐시리스 사회로 전환되고 있다. 한국은행에 따르면 2018년 기준 한국 소비자의 현금 결제 비중은 19.8%를 기록했고 간편결제 서비스 이용 건수는 일 평균 600만 건으로 전년 대비 56.6% 늘어났다.

　　결제에 현금이 필요하지 않게 되는 캐시리스 사회의 장점은 단지 편리함에만 있지 않다. 캐시리스를 통해 무인화와 자동화가 촉진되고 핀테크와 공유화가 가속화된다는 점이 중요하다. 캐시리스는 새로운 형태의 금융 서비스 탄생으로 연결된다. 캐시리스 사회에서 가장 주목받는 분야가 핀테크다. 현금 사용이 이처럼 빠르게 사라지게 된 데는 핀테크의 발달이 크게 작용했다.

코로나19 확산은 전 세계를 빠르게 캐시리스 사회로 바꾸고 있다. 감염 확산 예방으로 시작된 비대면 서비스가 현금 사용을 급속하게 줄인 것이다. 인도에서도 코로나 사태 이후 온라인 결제가 급증했다. 인도는 전체 인구의 약 20%가 은행 계좌가 없고 인터넷 보급률이 30% 정도여서 그동안 온라인 결제율이 매우 낮았다. 그러나 코로나19 이후 인도 소비자의 75%가 현금보다 온라인 결제를 더 많이 사용하고 있다.

현금 왕국으로 불리던 일본에도 변화가 일어나고 있다. 일본 은행들은 현금 사용 감소에 대비해 영업지점과 ATM을 대폭 줄이고 있다. 또 일본 정부는 모바일 결제와 QR코드를 통합한 'JPQR'을 보급하면서 현재 10%대인 비현금 결제 비율을 오는 2025년까지 약 40%대로 끌어올린다는 목표다.

유럽에서도 현금 사용이 줄어드는 추세다. 이탈리아에서는 코로나19로 인한 봉쇄 이후 현금 사용이 40%가량 감소하고 신용카드와 온라인 결제 건수는 코로나 이전보다 35배 정도 증가했다. 아마존과 알리바바와 같은 해외 인터넷 기업들은 새로운 형태의 핀테크 서비스를 속속 내놓고 있다. 아마존의 '아마존 렌딩' 서비스는 기존의 담보물 대신 판매 사업자의 현재 능력과 미래의 잠재력을 평가해 대출을 제공한다.

최근 한국도 '네이버 통장' '카카오 포인트'와 같은 새로운 형태의 금융 서비스가 등장하고 있다. 캐시리스 시대에 맞춰 인터넷 기업, 은행, 보험사, 카드사 등을 중심으로 다양한 변화가 일어나고 있다. 은행과 보험사들은 이미 새로운 서비스를 시작했고, 카드사들은 실물카드나 스마트폰 없이도 결제할 수 있는 서비스를 내놓고 있다.

지난해 KB국민은행은 무현금 점포인 KB 디지털금융점을 오픈했다. KB 디지털금융점은 모든 업무를 디지털 기반으로 처리하고 창구에서 현금 거래가 이루어지지 않는다. 롯데카드는 손바닥 정맥으로 결제하는 '핸드페이' 서비스를 운영하고 있다. DB손해보험은 카카오페이 송금 서비스를 이용해 보험료를 납부하는 시스템을 도입했다. 현대백화점과 이마트24 등 대형 유통업체들은 1만 원 미만의 거스름돈을 현금으로 내주는 대신 고객 계좌로 입금하는 서비스를 곧 시행할 계획이다. 한국 스타벅스는 전국 매장의 64%인 870곳에서 신용카드와 모바일 결제를 적극 권유하는 '현금 없는 매장'을 운영하고 있다.

코로나 사태를 계기로 각국 정부는 화폐 발행 비용을 줄이고 위조를 방지하며 거래 투명화를 지향하는 차원에서 디지털 화폐 발행도 추진하고 있다. 최근 중국과 스웨덴 등은 '중앙은행 디지털 화폐CBDC' 발행을 공식화했다. 중국의 음식 배달업체 메이퇀디옌핑은 인민은행과 손잡고 자사 플랫폼에서 디지털 화폐를 테스트할 계획이라고 밝혔다. 중국판 우버인 디디추싱도 콜택시 서비스에 디지털 화폐를 도입하기로 했다. 최근 한국은행도 CBDC 발행에 대비하기 위한 선행 연구를 추진하기로 했다.

현금 없는 사회를 만들기 위한 각국 정부의 노력도 거세지고 있다. 프랑스는 2015년부터 1,000유로 이상의 현금결제를 금지했고 호주는

2019년 7월부터 1만 달러 이상의 현금결제를 금지했다.

현금 없는 사회는 정부의 화폐 발행 및 유통의 사회적 비용을 줄이고 거래 투명성을 확보할 수 있다는 장점이 있다. 또한 소비자와 판매자 모두에게 결제의 편의성이 증가하고 현금 관리 부담이 감소해 윈-윈 효과를 누릴 수 있다.

그러나 현금 없는 사회에는 문제점도 많다. 디지털 결제만을 강제하는 것은 모바일 사용이 익숙하지 않은 고령자 등 취약 계층을 소외시킬 수 있다. 또한 현금 사용이 감소함으로써 현금을 취급하는 비용이 증가할 수 있다. 이는 국민의 현금 접근성을 약화해 대규모 정전 등 재난 발생 시 대체 결제 수단 부재로 인한 사회적 문제를 야기하고, 소수의 민간 결제기업에 의한 독과점 문제가 발생할 수도 있다.

코로나가 가속화한 현금 없는 사회로의 전환은 이제 필수불가결해 보인다. 멀지 않은 시기에 일상에서 지폐나 동전을 구경하기 어렵게 될 전망이다. 자판기에 동전을 넣고 지폐로 요금을 내는 시대는 어쩌면 옛 추억이 될지도 모른다.

PART 7

새로운 문화의 중심
로컬 경제

01. 도시재생! 로컬 크리에이터

이베이e-bay는 1999년 9월 미국 전역의 53개 도시에 P2P 온라인 거래 서비스인 '고 로컬Go Local' 서비스를 시작했다. '고 로컬'은 그동안 지역 신문사들이 해왔던 구인/구직, 부동산, 중고거래 등의 지역광고Classified Ad 시장을 통째로 온라인화하면서 성장했다. '고 로컬'은 가까운 거리에 위치한 판매자와 구매자 사이의 관심이 더 높다는 점에 착안한 아이디어로 로컬 경제의 중요성을 보여준다.

코로나19로 사회적 거리두기가 확산되고 집에서 머무는 시간이 늘어나면서 '홈족'이 급증하고 있다. 집이 휴식이나 여가를 위한 공간에서 여러 가지 기능을 수행할 수 있는 '멀티 홈Multi-Home'으로 바뀌고 있다. 홈트(홈트레이닝), 홈뷰티, 홈카페, 홈오피스 등 다양한 신조어들도 속속 생겨나고 있다. 삶의 반경이 좁아지면서 소비와 여가 활용 방식이 달라지고, 집 주위를 중심으로 한 로컬 경제 생태계가 자연스럽게 만들어지고 있다.

이렇게 집 근처 동네 중심의 소비가 확산하면서 골목길과 골목 상권도 재조명을 받고 있다. '라스트 마일' 소비가 다시금 관심을 받고 있는 것이다. '라스트 마일'은 사형수가 형 집행장까지 걸어가는 마지막 거리를 의미한다. 라스트 마일 대신 '십리경제'라는 용어도 사용되고 있다. 서울의 경리단길, 망리단길, 송리단길, 샤로수길, 대구 봉리단길, 부산 해리단길, 부평 평리단길, 경주 황리단길 등 수많은 '○○○길'이 형성되는 현상도 십리경제의 하나로 볼 수 있다.

1990년대 중반 홍대입구역에서 시작된 로컬 경제는 2000년대 들어 경리단길, 성수동, 상수동, 연남동, 익선동, 부암동, 삼청동, 연희동, 을지로 등 서울시에서만 20개 지역으로 늘어났다. 로컬 상권이 주목받는 가운데 로컬 경제가 살아나면서 임대료가 계속 올라 초기에 상권을 개발한 임차인들이 버티지 못하고 떠나는 '젠트리피케이션'도 계속되고 있다. 창의적인 예술가나 사업가가 문화공간이나 카페를 만들면서 골목길에 사람들이 많이 찾아오고 로컬 경제 가치가 점점 커지면서 발생하는 현상이다.

강원도 양양의 '서피비치'는 불과 몇 년 전만 해도 이름 없는 해변이었지만 지금은 젊은이들이 가장 많이 찾는 서핑의 명소로 자리 잡았다. 한 해 동안 이곳을 찾는 관광객은 70만 명이 넘는다. 서피비치에 가면 40년 만에 개방된 1km 구간에 펼쳐진 청정해변에서 서핑과 온전한 휴식을 즐길 수 있다. 많은 관광객이 서피비치를 방문하면서 자연스럽게 주변 로컬 경제도 뜨고 있다.

양양의 서피비치 같은 로컬 경제 프로젝트를 기획하고 만드는 사람들을 '로컬 크리에이터'라고 부른다. 로컬 크리에이터란 지역 내 자원을 기반으로 디자인, 엔터테인먼트, 소셜벤처, 문화기획 등과 관련된 창업을 하는 사람을 의미한다. 골목 상권 등 지역 시장에서 지역의 자원, 문화, 커뮤니티를 바탕으로 새로운 비즈니스를 창출하는 사람들이다. 로컬 크리에이터들이 전국 각지에서 활동하면서 전국 곳곳에서 로컬 경제의 변화가 시작되고 있다. 로컬 크리에이터들은 '내가 하고 싶은 일을 내가 살고 싶은 곳에서 하자'라는 캐치프레이즈를 내걸고 지역으로 달려가고 있다.

박준규 서피비치 대표는 40년간 군사제한 구역으로 묶여 있던 해변을 서핑 전용 해변으로 성공적으로 변화시킨 로컬 크리에이터다. 그는 서핑에 적합한 해변을 찾는 데만 꼬박 1년을 소비했다고 한다. 그리하여 해수욕장으로 사용할 수 없는 군사제한 구역을 국내 최초의 서핑 전용 해변으로 탈바꿈시켰다. 해수욕장 이외의 바다는 구명장비 없이는 입수가 금지되어 있지만 서프보드도 구명장비라는 점을 착안해 서핑 전용 해변으로 만든 것이다. 서피비치는 2019년 매출이 약 30억 원에 이를 정도로 빠르게 성장하고 있다.

한때 경리단길에 15개의 식당을 운영하며 연매출 30억 원의 '장진우거리'를 만들었던 장진우 셰프도 대표적인 로컬 크리에이터다. 원래 사진작가였던 장진우 셰프는 공간을 변화시키는 데 관심이 많았다. 그는 한적한 경리단길 골목에 원테이블 레스토랑 '장진우식당'을 만들었다. 장진우식당이 큰 인기를 얻자 같은 거리에 장진우다방, 방범포차, 문오리, 프랭크, 그랑블루, 경성스테이크 등 새로운 콘셉트의 식당을 연이어 오픈해 거리를 탈바꿈시켰다.

로컬 크리에이터들은 점점 증가하는 추세다. 2020년 중소벤처기업부는 로컬 크리에이터 육성 사업을 처음 시행했는데 무려 3,096팀이나 지원해 22대1의 높은 경쟁률을 보이기도 했다.

강원도 속초의 폐조선소를 문화 공간으로 탈바꿈시킨 '칠성조선소'의 최윤성 대표도 대표적인 로컬 크리에이터다. 3대째 가업을 이어받은 최윤성 대표는 폐조선소를 마을 주민과 관광객이 함께 즐길 수 있는 문화 공간으로 바꾸었다. 경북 문경의 '리플레이스'는 20년간 방치된 폐양조장을 복합 문화 공간으로 바꿔 운영하고 있다. 전남 목포 구도심에는 '건맥 1897' 협동조합이 만든 맥주 거리가 인기를 끌고 있다. 콘텐츠 기업 '어반플레이'가 로컬 크리에이터들과 함께 만든 '연희 걷다' 프로젝트는 연남동과 연희동 소재의 100개 상점과 협업해 새로운 골목 문화를 만들었다. 제주 '해녀의부엌'은 수산물 위판장을 해산물 요리를 먹으면서 해녀의 삶을 다룬 연극을 감상하는 복합 문화 공간으로 바꾸었다.

해외의 경우 성공적인 도시재생 사업이 많다. 미국의 포틀랜드는 1960년대까지 산업화와 도시화로 오염되었다가 1970년대 중반부터 도시재생 사업을 시작해 생태도시로 변화했고 주민 자치 공동체가 잘 정착한 도시로 탈바꿈했다. 스페인 빌바오는 1980년대부터 조선철강업이 쇠퇴하면서 공장 폐쇄로 인해 오염된 항구가 되었으나, 항구 부지 재개발과 구겐하임 미술관 유치 등의 도시재생 사업을 잘 진행해 문화예술도시로 성공적으로 변화했다.

로컬 크리에이터들이 만들어가는 새로운 로컬 경제는 도시재생 사업과는 다르다. 도시재생 사업은 제조산업에서 첨단산업으로 변화하면서 상대적으로 낙후된 기존 도시를 부흥시키는 도시사업을 뜻한다. 그러나 로컬 크리에이터가 만드는 로컬 경제는 특정한 지역의 삶과 문화를 잘 이끌어내 정체성을 갖게 하고 그것을 지속 가능하게 만드는 창조적인 문화 공간 사업이다.

그동안 빠른 경제성장과 함께 도시를 중심으로 모든 것이 발전해왔다고 해도 과언이 아니다. 도심의 번화가에 집중되어 있던 문화와 소비 공간의 중심이 점점 도시 속의 작은 골목길과 도시 외 지역으로 옮겨가고 있다. 우리 주변의 가치를 더 소중히 여기고 가까운 곳에서 삶과 문화 공간을 향유하는 '고 로컬' 경제가 본격적으로 시작된 것이다.

02. 세상 편한 슬세권

　　'라스트 마일 이코노미'는 고객의 마지막 만족도가 제품과 서비스 차별화의 주요 요소가 되는 경제를 의미한다.

　e커머스가 발달하면서 소비자들은 브랜드가 주는 객관적 가치보다는 상품과 직접 만나는 접점에서 느낄 수 있는 주관적 가치를 더 중요하게 생각한다. 고객과의 최종 접점에서 최대의 만족을 제공하는 것이 라스트 핏 이코노미이고, 소비자는 라스트 핏을 중심으로 구매를 결정한다. 라스트 핏은 기존의 소비와는 다른 새로운 형태의 구매 패러다임으로, 구매의 마지막 순간 고객의 만족도를 최적화하는 '근거리 경제'를 의미한다.

　라스트 마일은 유선통신 업체가 네트워크 선을 각 가정에 연결하는 과정에서 마지막 1마일을 지칭하는 말로 널리 쓰이기 시작했다. 그리고 최근에는 마지막 1마일이 서비스의 품질을 결정하고 소비자의 최종 만족도에 영향을 끼친다는 의미로 유통업이나 물류 서비스에서 상품이 고객에게 전달되는 마지막 배송 구간을 뜻하는 의미와 함께 소비자 만족의 최종 접점을 지칭하는 용어로 사용되고 있다.

기존의 e커머스 소비자는 구매 의사 결정 단계에서 브랜드의 명성, 제품의 퀄리티, 가격 등을 중요하게 여겼지만, 요즘의 소비자는 최종 접점 단계에서의 만족도를 더 중요하게 생각한다. 즉 소비자의 구매 형태가 '가성비'를 추구하는 시대를 지나 '가심비'를 추구하는 시대로 변하고 있는 것이다.

최근 '슬세권'이라는 용어가 자주 쓰인다. 슬세권은 '슬리퍼'와 'ㅇ세권'의 합성어로, 슬리퍼를 신고 편의시설을 이용할 수 있는 주거 권역을 의미한다. 슬리퍼를 신고 나갈 수 있는 거리에 얼마나 다양하고 많은 편의시설이 있는지가 슬세권의 핵심이다. 과거에는 인기 거주지의 입지 조건이 역세권과 학군이었다면 최근에는 슬세권으로 빠르게 바뀌고 있다. 이런 현상은 멀리 나가지 않고도 집 근처에서 모든 것을 해결하려는 심리에 기인한다.

서울의 대표 슬세권은 성수동이다. 성수동은 새로운 카페와 맛집들이 생겨나면서 서울의 가장 핫한 골목이 되었으며 인기 있는 거주지로도 관심이 점점 높아지고 있다. 슬세권에서는 최소한의 이동으로 가장 가까운 곳에서 원하는 모든 것을 실현할 수 있다. 라스트 핏 이코노미 시대의 경제의 중심은 '집 근처', 즉 슬세권이다. 집 근처에 쇼핑, 문화. 여가 활동 등 일상에 필요한 모든 인프라가 갖춰져 있는 '올인빌리지All-in-village'가 최근 새로운 주거 트렌드로 부상하고 있다. 최근 지역 기반의 중고거래 플랫폼이 비약적으로 성장한 것도 근거리 경제의 사례로 볼 수 있다.

최근 경쟁이 심화된 마켓컬리와 SSG(쓱) 같은 e커머스와 유통업체의 새벽배송 시장도 라스트 마일 관점으로 해석할 수 있다. 과거에는 신선식품을 구매할 경우 품질, 생산지, 브랜드, 가격 등이 중요한 요소였지만, 지금은 '얼마나 신선하고 빠르고 정확하게 배송하는가?'가 더 중요한 요소로 떠올랐다. 소비자가 구매를 결정할 때 비교 평가하는 핵심 구매 요인을 '키 바잉 팩터key Buy-ing Factor'라고 한다. 모바일과 온라인을 통한 e커머스 구매가 늘면서 키 바잉 팩터로서 '배송'이 더욱더 중요해졌다

최근 e커머스는 가격 중심의 효용이 아니라 만족 중심의 효용으로 변하고 있다. 가격이 조금 더 비싸더라도 지금 당장 경험할 가치가 있다면 소비자는 기꺼이 돈을 지불할 용의가 있는 것이다. 소비자는 핸드폰에서 버튼 하나만 누르면 다음날 새벽 문 앞에 신선식품이 도착해 있는 편리성을 매력적이라고 판단한다. 장기불황에도 불구하고 소비자 만족을 추구하는 이런 유형의 구매는 점점 더 증가하고 있다.

고객이 마지막 도착지까지 만족스럽게 이동하는 이동의 라스트 마일도 뜨고 있다. 카카오T, T맵, 타다 같은 차량 호출 서비스, 쏘카 같은 차량 공유 서비스와 함께 킥고잉, 씽씽, 일레클, 라임 같은 전동 킥보드나 전기 자전거 공유 서비스까지 포함하는 '모빌리티' 서비스가 이동의 라스트 마일에 해당한다. 최근 성장하고 있는 전동 킥보드 시장은 라스트 모빌리티 시장의 성장을 잘 보여주는 사례다.

물건을 구매해 배송받은 후 박스를 개봉하는 순간의 경험도 중요한 라스트 마일이다. 포장을 뜯어 상품을 처음 만지는 순간은 상품을 사용하는 것만큼이나 중요하다. 구매한 상품이 담긴 상자를 개봉하는 '언박싱'

과정은 고객의 최종 접점에서 매우 중요한 포인트다. 많은 소비자들이 언박싱 과정을 일종의 의식처럼 행하고 유튜브 등 SNS에 공유한다. 유튜브에서 언박싱 영상은 이미 인기 장르가 되었다. 그래서 최근 전자제품 업체들은 성능 못지않게 포장에도 많은 신경을 쓰고 있다고 한다.

라스트 마일은 여행 서비스 시장에도 변화를 몰고 오고 있다. 마이리얼트립, 클룩, 와그 같은 서비스가 등장하면서 현지에서 어떤 경험을 했는지를 중요하게 여기는 소비자가 점점 증가하고 있다. '런던 가정식 쿠킹 클래스' '로마 소규모 와인 파티' 같은, 현지에서 체험하는 '액티비티' 투어 상품의 판매가 점차 늘고 있다. 라스트 마일은 소비자가 자신의 관심 분야에 맞춰 여행을 디자인하는 'DIY 여행' 시대를 예고하고 있다.

소비자의 최종 접점에서 최적의 만족을 주는 슬세권과 라스트 마일 이코노미는 이미 우리 사회 전반에 퍼져 있고 조금씩 성숙해가고 있다. e커머스와 모바일 서비스가 발전하면서 비대면 구매와 서비스 이용이 일반화되면서 슬세권과 라스트 마일 이코노미는 더욱더 중요해질 전망이다. "누가 소비자의 문고리를 잡는가?" 마지막 순간까지 최고의 만족을 제공하는 서비스만이 경쟁력을 유지하게 될 전망이다.

03. 막식에서 미식美食으로의 이행

2016년, '미식가의 성서聖書'로 불리는 《미슐랭 가이드Guide Michelin》의 서울편이 처음으로 발간되었다. 《미슐랭 가이드》는 프랑스 타이어 회사 미슐랭이 약 110년 전부터 시작한 레스토랑 평가서로 레스토랑 및 셰프 평가에서 세계적 권위를 인정받는다. 한국은 아시아에서 네 번째로 《미슐랭 가이드》 발간 국가가 되었다. 한국의 미식에 대한 위상이 크게 높아진 것으로 볼 수 있고, 서울은 도쿄, 홍콩, 싱가포르와 어깨를 나란히 하는 아시아 최고의 미식 도시가 되었다고 할 수 있다.

《미슐랭 가이드》의 전문 평가원들은 미슐랭 소속 직원이기 때문에 공정하게 평가할 수 있다고 한다. 《미슐랭 가이드》에서의 최고 등급인 별 3개는 '요리를 맛보기 위해 여행을 떠나도 아깝지 않은 식당'을, 별 2개는 '요리를 맛보기 위해 멀리 찾아갈 만한 식당'을, 별 1개는 '요리가 특별히 훌륭한 식당'을 뜻한다. 별을 줄 정도는 아니지만 훌륭한 음식을 제공하는 식당은 '빕 구르망'이라 하여 미슐랭 타이어 마스코트를 붙여준다.

2021년 《미슐랭 가이드》 서울편에서 별을 받은 레스토랑은 총 32곳이다. 3스타 레스토랑 2곳, 2스타 레스토랑 7곳, 1스타 레스토랑 23곳이 등재됐다. 이 외에도 '빕 구르망(합리적인 가격에 좋은 음식을 선보이는 레스토랑)' 60곳과 '플레이트(좋은 음식을 맛볼 수 있는 레스토랑)' 86곳을 포함해 총 178개의 레스토랑이 등재되었다. 별을 받은 레스토랑 중 11개 식당이 한식당으로 한국 미식에 대해 높이 평가했다.

그러나 《미슐랭 가이드》 서울편에 대한 평가는 호불호가 갈린다. 선정의 정확성은 차치하고라도 규모 면에서 아쉬움이 많이 남는다. 미슐랭별 레스토랑의 경우 맛도 중요하지만 레스토랑의 분위기나 서비스도 평가에 영향을 많이 미친다는 것을 알 수 있다. 고급 레스토랑은 맛이 좋지만 가성비는 떨어질 수밖에 없다. 《미슐랭 가이드》 서울편은 아직 완벽하지 않지만 한국의 미식을 세계에 알리는 큰 역할을 하고 있다. 앞으로더 많은 레스토랑이 선정되고 별을 받기를 기대해본다.

한국에도 레스토랑을 객관적으로 평가하려고 노력하는 서비스들이 있다. '식신' 앱은 온라인 사용자 리뷰 및 평점으로 1차 선별 과정을 거치고 내부 평가를 종합해 별을 1~3개 부여하는 맛집 추천 서비스다. 2021년 식신이 발표한 전국의 별 3개 레스토랑은 약 92곳에 불과하지만 선정 결과에서 《미슐랭 가이드》와는 많은 차이를 보인다.

현재 대한민국은 먹방, 쿡방 전성시대라고 해도 과언이 아니다. 〈맛있는 녀석들〉 〈허영만의백반기행〉 〈생활의달인〉 〈골목식당〉 등 인기 TV 프로그램에서는 '숨겨진 맛집' 또는 '문 닫기 전에 꼭 한번 가봐야 할 맛집'이라면서 식당을 소개한다. 음식 전문 프로그램 말고도 〈나혼자산다〉 〈전지적참견시점〉 〈미운우리새끼〉 〈동상이몽〉 등 많은 TV프로그램이 먹방과 쿡방을 선보인다. 맛있다고 격찬하며 먹는 모습을 보고 있노라면 '꼭 한번 먹고 싶다'는 생각이 저절로 든다.

방송에 등장한 맛집들에 대한 불만은 매우 많다. 소비자들은 SNS 등에 "방송에 나온 맛집을 찾아가 줄을 서서 먹었는데 맛있는지 모르겠다"며 불만을 토로하거나 "진짜 맛집은 이 집이 아니고 옆집이다"라면서 맛집 선정이 객관적이지 않다고 지적한다. 그러나 방송의 힘은 막강하다. 평범한 음식점이 방송에 나가면 몇 시간씩 줄을 서야 먹을 수 있는 '성지(?)'로 격상한다. 물론 방송 출연 맛집의 '줄서기'는 오래 유지되지 못한다. 시간이 지나면 자연스럽게 이전 상태로 돌아간다. 제대로 평가해서 발견한 맛집이 아니기 때문이다.

레스토랑을 까다롭게 평가하는 《미슐랭 가이드》나 식신 앱 같은 곳에서 별을 받는다는 건 식당이나 요리사에게 큰 영광이라고 할 수 있다. 이런 레스토랑 평가 서비스의 경제적 효과도 매우 크다. 별을 받은 레스토랑의 매출이 크게 상승하는 것은 물론이고, 별을 받기 위해 노력하는 과정에서 레스토랑의 전체적인 품질과 서비스가 향상되며 소비자 만족도가 크게 높아진다.

우리나라의 외식업체 수는 약 75만 개이고 외식업 시장 규모는 180조 원에 육박한다. 외식업에 종사하는 종사자만 200만 명 정도이다. 전체 외식업체 중 종업원이 5인 미만인 영세 자영업자가 90% 이상이고, 프랜차이즈 가맹점이 약 15만 개다. 치킨 업체만 3만 1,500개에 이른다. 외식업체의 폐점률은 창업 후 1년 내에 약 30%, 2년 내에는 약 50%이다. 이렇듯 우리나라의 외식업은 타업종에 비해 폐점률이 월등하게 높고 외식 산업 자체가 구조적으로 열악한 상황이다.

《미슐랭 가이드》 같은 전문평가가 지금까지 인터넷 검색과 TV를 통해 성장해온 한국의 외식 산업 수준을 한 단계 높일 것으로 기대한다. 객관적이지 못한 방송 프로그램과 파워 블로거 중심의 식당 추천에서 변화를 꾀해야 할 시점이다. 식당을 제대로 평가한다면 외식 산업 전체의 수준을 향상시킬 수 있는 좋은 계기가 될 것이다. 대한민국이 '막식의 시대'에서 품격 있는 '미식의 시대'로 이행하기를 기대해본다.

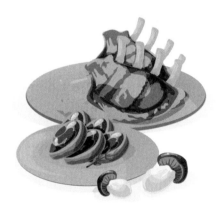

04. 손가락으로 농사를 짓다

새 삶을 꿈꾸는 동면 상태의 승객 5,258명을 태우고 120년 동안 개척 행성으로 여행하는 초호화 우주선 아발론 호. 짐 프레스턴(크리스 프랫 분)과 오로라 레인(제니퍼 로렌스 분)은 알 수 없는 이유로 90년이나 일찍 동면 상태에서 깨어나게 된다. 영화 〈패신저스〉의 배경 '아발론 호'에는 5,258명의 승객들이 4개월간 호화로운 생활을 즐길 수 있는 공간과 여행 내내 신선한 음식을 제공할 수 있는 완벽한 스마트팜 시스템이 갖춰져 있다.

스마트팜 시스템은 더 이상 영화 속 이야기만은 아니다. 농축수산업 생산에 드론, 사물인터넷, 인공지능, 로봇 기술 등을 접목한 스마트팜 산업이 급속도로 발전하고 있다. IT와 결합된 스마트팜은 새로운 농축수산업 시스템으로 발전할 거라고 기대되고 있다. 미국의 ICT 전문 미디어인 CB 인사이트CB Insights에 따르면 미국에만 수백 개의 스마트팜 관련 스타트업이 존재한다고 한다. 그 분야는 생산 시스템, 농장 관리, 로봇, 드론, 센서, 데이터 분석, 유전자 농업, 정밀 농업 등 매우 다양하다.

스마트팜은 전통적인 식품 산업에 첨단 ICT 기술을 결합한 푸드테크 산업의 일종이다. 음식과 ICT 기술을 융합한 푸드테크는 식품 관련 산업에 첨단 ICT를 접목해 새로운 산업을 창출하는 것을 말한다. 푸드테크는 그동안 오프라인에 머물러 있던 전통적인 식품 산업이 ICT 기술을 통해 식품 생산부터 가공, 유통, 서비스까지 전 범위에 걸쳐 획기적으로 변화하는 새로운 4차 산업혁명이라고 볼 수 있다.

4차 산업혁명은 인공지능, 빅데이터, 사물인터넷, 로봇 등 ICT 신기술이 적용된 새로운 산업시대를 의미한다. 푸드테크는 전통산업 영역에 ICT를 결합해 신종 서비스를 만들어내고 새로운 수요와 공급을 창출한다. 전통적인 식품생산 산업을 온라인으로 확장한다는 점에서 푸드테크는 가장 주목해야 할 4차 산업혁명이다. 온라인과 오프라인의 경계가 허물어지면서 푸드테크는 무한한 성장 가능성을 갖게 되었다.

스마트팜의 가장 큰 장점은 생산 환경을 손쉽게 제어해 최소한의 노동력으로 생산량을 최대한 증대할 수 있다는 점이다. 서울대 산학협력단의 조사에 따르면 스마트팜을 통한 총생산량은 기존 농법보다 27.9% 증가했고 1인당 생산량도 40.4% 증가했다고 한다. 특히 고용 노동비는 15.9% 감소했고 병해충 등은 53.7%나 감소한 것으로 나타났다.

우리나라는 식량자급률이 23.8%밖에 안 되는 전형적인 식량 부족 국가이다. 또한 GDP에서 농업이 차지하는 비중이 약 2.3%로 선진국에 비해 턱없이 낮으며 농업에 종사하는 인구가 전체 인구의 5%이고 농업 종사 인구의 40% 이상이 65세 이상 고령층으로, 환경이 열악한 산업 중 하나이다. 기존의 농업 생산 방식으로는 부가가치를 높이는 데 한계가 있다. 이런 낙후한 산업환경을 개선하기 위해서는 첨단기술을 적극적으로 도입해 스마트팜을 활성화해야 한다.

수산업 분야도 마찬가지이다. 우리나라의 수산업 종사자는 약 104만 명, 기업 수는 12만 5,000여 개, 매출액은 약 66조 원으로 전체 근로자 수의 5.0%와 전체 GDP 기여율의 6.4%를 차지하고 있다. 그러나 수산업 종사자들의 고용 형태는 타산업에 비해 매우 낙후해 있다. 전체 종사자 중 임시직이 46.2%이며, 영세 자영업자도 14%를 차지하고 있다. 또한 연령분포는 50대가 34.2%, 60대가 28.3%, 40대가 22.0% 순으로 고연령대의 종사자가 압도적으로 많다.

우리나라는 삼면이 바다로 둘러싸여 있는 해양국가이다 그동안 전통 산업에 머물러 있던 수산업 분야에 첨단 스마트팜을 통한 수산 푸드테크를 융합·발전시킨다면 고부가가치 산업 육성은 물론 새로운 일자리 창출이 가능할 것이다. 농축수산업 분야에 스마트팜을 적극적으로 도입하면 이를 통해 국민들에게는 건강한 먹거리를 제공하고 농축수산업 분야는 첨단산업을 통한 미래 발전을 도모할 수 있을 것이다. 또한 농축수산업 종사자들의 삶의 질도 크게 향상할 수 있을 것이다.

스마트팜 분야에서 가장 앞서가는 나라는 미국이다. 미국에서는 인공지능 기술과 빅데이터, 센서 등을 기반으로 작물의 성장 상태를 실시간으로 체크하고 각종 변화 상황에 대응하는 '정밀 농업Precision Agriculture'이 부상하고 있다. 정밀 농업 시스템은 농장 전체에 위치추적 및 정보 취합이 가능한 센서 및 비콘 등을 설치해 토질과 작물에 관한 데이터를 획득하고 체계화해 제공한다. 데이터에 기반한 정밀 농업은 예측 기능할 뿐만 아니라 농사를 처음 짓는 초보 농부들에게 교육 기능도 제공한다.

일본은 오랫동안 정부 주도로 스마트팜 정책을 추진해왔다. 일본 농림성은 2014년부터 네덜란드의 첨단농업 모델을 벤치마킹해 작물 재배 등을 위한 스마트팜 지원 정책을 추진하기 시작했다. 중국도 스마트팜 활성화에 집중하고 있다. 세계 최대의 드론 회사인 DJI는 운반 기능이 강화된 드론을 스마트팜에 적용하기 위해 다양한 시도를 하고 있고, 알래스카 라이프는 도심에서 작물을 생산할 수 있는 '식물공장' 시스템을 제작해 공급하고 있다.

우리나라 정부도 최근 들어 농업과 ICT를 융·복합한 스마트팜 정책을 적극적으로 추진하고 있다. 정부는 2022년까지 스마트팜 보급을 7,000헥타르로 확대하겠다고 발표했다. 현재 우리나라의 첨단온실 보급 비중은 1%로 글로벌 평균인 17%에 비해 현저히 낮다. 스마트 축사도 있다. 최근 스마트 축사의 개수는 약 300여 호로 늘어났다. 정부는 세계 최고 수준의 한국형 스마트팜 운용 기술 기반 및 인프라 구축과 한국형 스마트팜 표준모델 개발 및 수출 산업화 기반 조성을 추진한다고 발표했다. 스마트팜을 통한 농축수산업 생산 혁명은 우리나라의 낙후한 농축수산업의 문제점을 극복하고 경쟁력을 제고함과 동시에 식량 자급률을 높이고 새로운 일자리를 창출할 수 있을 것이다.

스마트팜 산업이 활성화되기 위해서는 더욱더 많은 관련 스타트업들이 생겨나고 새로운 생태계를 만들어야 한다. 또한 농업과 첨단기술을 접목한 솔루션과 서비스 등을 포괄적으로 제공할 수 있는 기업들을 많이 육성해야 한다. 스마트팜 ICT 기술의 표준화 추진도 우선적으로 해결해야할 과제이다. 농업과 첨단 ICT의 만남은 이제 선택이 아니라 필수다. 우리나라의 농업이 스마트팜을 통해 새로운 가치를 만들어내고 블루오션을 창출하는 신성장 동력산업으로 성장해나가야 한다.

05. 신新공간혁명이 온다

　　멀지 않은 시기에 부산시와 세종시에 세계 최초로 인공지능 기반의 스마트시티가 들어설 예정이다. 세종시는 입지규제를 최소화하고 자율주행 셔틀과 공유 차량 교통망을 갖춘 스마트도시를 구축하고, 부산시는 로봇이 주차와 의료지원 등 생활편의를 지원하는 로봇 기반의 에코델타시티를 조성한다.

　정부는 부산시와 세종시를 세계에서 가장 발전된 스마트시티로 조성하는 것이 목표라고 밝혔다. 이렇게 조성된 스마트시티에서는 도로에서 소비하는 60시간, 행정 처리를 하는 20시간, 병원에서 대기하는 5시간 등 1년에 총 124시간을 절약할 수 있다. 실시간으로 재난정보를 파악할 수 있고 소방차가 5분 이내에 출동할 수 있으며 범죄율은 25%, 교통사고는 50%가량 줄어들 전망이다.

　국가 시범도시 스마트시티는 정부가 스마트시티 선도모델로 조성하는 사업이다. 세종시는 최적화한 모빌리티 서비스를 제공할 수 있도록 도시 공간구조를 설계하고 자율주행·공유 기반의 첨단 교통수단 전용도로 등을 조성할 예정이다. 부산시는 세물머리 지구에 에코델타시티를 조성하고 고령화 등 도시문제를 해결하기 위해 로봇 관련 신산업 육성을 중점 추진한다. 주차 로봇, 물류 로봇, 의료 로봇을 도입하고, 도시 내에 로봇 통합관제센터와 로봇 지원센터를 설치해 로봇에 최적화한 인프라와 테스트베드를 제공할 예정이다.

전 세계적으로 도시인구가 증가하면서 교통, 환경, 에너지 등 도시 내 자원 및 기반시설에 인공지능, 사물인터넷, 빅데이터, 자율주행, 로봇, 블록체인, 가상현실 등 다양한 정보통신기술을 접목해 자원을 효율적으로 관리하고 지속 가능한 도시 개발을 할 수 있는 스마트시티가 확산되고 있다.

스마트시티란 네트워크가 인간의 신경망처럼 도시 구석구석까지 연결되어 각종 정보를 수집하고 인공지능 등 첨단기술을 통해 효율적이고 안전하게 운영되는 지능형 도시를 말한다. 정보통신 기술의 발달로 도시 구성원들 사이의 네트워크가 완벽하게 연결되고 교통망 등의 인프라가 효율적으로 구성되는 것이 특징이다. 스마트시티와 비슷한 개념으로는 기술이 고도로 발달한 도시를 뜻하는 테크노피아, 인터넷 도시를 뜻하는 사이버 시티, 대규모 도시의 첨단 형태를 뜻하는 월드 시티 등이 있다.

도시는 인류 발전과 함께 다양한 구조와 기능을 내포하며, 인간의 삶과 생활을 유지해온 중요한 기반시설이면서도 국가와 문화의 원동력이었다. 인류 문명의 지속적인 발전을 통해 건축, 도로망, 상하수도 등 공간 및 기반 시설이 점점 발전하고 이를 통한 도시 공간 확장은 급격한 도시화를 이끌어내는 원동력이 되었다. 오늘날에는 생산과 소비가 동시에 이루어지고 경제, 교통, 환경, 안전 등 다양한 도시 구성 요소들의 디지털 전환Digital Transformation이 활발히 진행되고 있다. 스마트시티는 전통적 도시의 기본 속성에 디지털 전환과 정보통신기술을 융합해 삶의 질을 향상하기 위한 다양한 서비스를 제공하는 지속 가능한 도시 생태계를 의미한다.

세계의 도시인구는 1950년 7억 7,500만 명에서 2018년 42억 명으로 증가했으며, 유엔은 2050년까지 전 세계 인구의 68%인 77억 명이 도시에 거주할 것으로 전망했다. 우리나라의 도시인구 비율도 1950년대 25%에서 약 60년 만에 92%로 증가했다. 글로벌 시장조사업체 마켓스앤드마켓스는 글로벌 스마트시티 시장 규모가 2018년 3,080억 달러에서 2023년 6,172억 달러로 연평균 18.4% 성장할 것으로 전망하고 있다.

스마트시티의 가장 중요한 특징은 '자기조직화self-organization'다. 자기조직화는 시스템에 속해 있는 개체(사람, 자동차, 기기 등)들이 집합적인 상호작용을 통해 스스로 조직화된 변화를 만들어내는 것을 의미한다. 시스템의 구성 요소들이 스스로 조직화된 질서를 만들어내는 현상으로, 전체 시스템을 지속 가능하게 한다.

금속의 냉각 과정을 예로 들면, 상온에서는 각 입자들이 무작위 방향으로 회전을 한다. 그러나 냉각되면서 몇 개의 입자가 회전하고 시간이 지나면서 똑같은 방향을 향하게 되는데, 이것이 연쇄적으로 확산되면서 결국 금속의 모든 입자가 같은 방향을 향하게 된다. '자기조직화'의 대표적인 사례로는 누구의 개입도 없는 상태에서 이루어지는 철새들의 군무나 흰개미들이 만들어내는 거대한 돌기둥, 관련 기업들 사이의 다양한 상호작용을 통해 전체적으로 새로운 산업 변화를 선도해나가는 실리콘 밸리 등이 있다.

초연결된 스마트시티에서는 모든 개체의 각각의 정보들이 한곳에 모여 거대한 정보의 바다를 형성하게 된다. 이곳에서 모든 시스템은 유기적으로 서로 융합과 분리를 거치면서 자기조직화를 이루게 된다. 자기조직화는 스마트시티를 지속 가능하게 하는 최적의 판단을 내리면서 가장 효율적인 시스템을 구축해나갈 것이다. 이것이 바로 스마트시티의 가장 큰 특징이자 장점이라고 할 수 있다.

스마트시티는 사물인터넷, 인공지능, 빅데이터, 블록체인, 가상현실 등 4차 산업혁명의 핵심 기술들이 집약된 거대한 도시공간 시스템으로, 초연결 정보가 융합하는 지능형 도시체계가 될 전망이다. 또한 블록체인 기술은 정보와 거래 내역을 투명하게 기록하고 조작과 수정이 불가능한 상태로 보관하는 분산형 데이터 저장 기술이다. 스마트시티의 교통, 환경, 에너지, 행정 등 공공분야 데이터와 의료, 금융, 각종 계약 등 개인정보 데이터를 블록체인 기술로 관리할 수 있다면 높은 효율성과 보안성을 확보할 수 있을 것이다.

스마트시티는 새로운 산업으로, 다양한 신규 일자리 창출이 가능하다. 기존의 도로, 교통, 상하수도 등 도시 공간 인프라에는 자율주행, 환경 관리, 에너지 관리, 첨단보안, 로봇 시스템, 재난 관리 등 최첨단기술 접목이 필요하다. 스마트시티에 필요한 기술을 적용하기 위해서는 기업의 기술력 확보와 관련 인력이 대거 필요하다. 앞으로 스마트시티 조성이 활성화된다면 연관 분야에 수많은 새로운 일자리 창출이 가능해질 것이다.

PART 8

디지털 빵가루가
만든 신세계

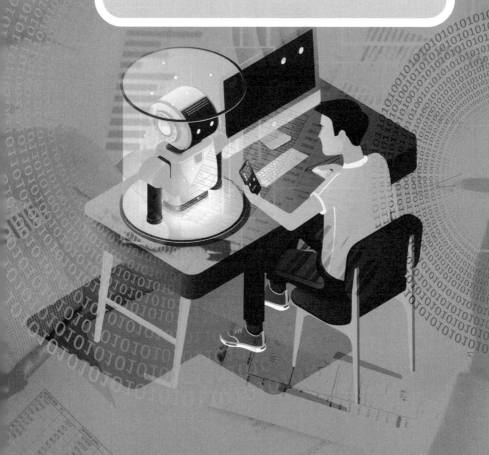

빅데이터는 방대한 양의 정형 또는 비정형 데이터를 수집하고 이 데이터로부터 가치를 창출, 분석하는 기술을 의미한다. 빅데이터 기술의 발전은 사회 현상을 더욱 정확하게 분석 및 예측할 수 있게 하고, 사람들에게 정확한 맞춤형 정보를 제공하게 해준다.

빅데이터는 너무 방대해서 단순한 방식으로 저장하고 분석하기 어려운 데이터들이다. 1분에 200만 건의 검색이 이루어지는 구글 검색 데이터나 페이스북, 인스타그램 같은 SNS에 실시간으로 올라오는 포스팅이 대표적인 빅데이터라고 볼 수 있다. 빅데이터는 4차 산업혁명과도 밀접한 관련이 있다. 4차 산업혁명은 전통 산업과 첨단 정보통신 기술의 결합을 의미하며, 산업에서 생산성과 효율성을 극대화하기 위한 빅데이터 기반의 기술혁신이 핵심이라고 볼 수 있다.

빅데이터는 우리 삶의 모든 측면에 존재하고 우리가 접근할 수 있는 모든 세상에 존재하는 새로운 디지털 데이터다. 우리가 일상생활에서 하는 모든 행동, 예를 들어 전화 통화, 신용카드 거래, 교통수단 이용, 지도

보기, 맛집 찾기, 포털 검색 등은 우리가 흘리고 다니는 디지털 빵가루 digital bread crumbs다.

디지털 빵가루 속에 담긴 인간들의 경험과 생각 그리고 사용 패턴에 대한 분석은 앞으로 미래사회에서 중요하고 의미 있는 데이터가 될 수 있다. 디지털 빵가루는 우리의 일상생활을 그대로 데이터로 반영해준다. 의도적으로 포스팅하는 페이스북 같은 SNS 데이터와는 질적으로 다르다.

그러나 디지털 빵가루는 아주 민감한 개인정보를 담고 있다. 통화 상대, 카드 거래 내역, 특정 장소, 위치정보 등 상당이 높은 수준의 보안을 요구하는 개인정보다. SK텔레콤이 이동전화의 비식별 위치정보를 이용해 양질의 실시간 교통정보를 추출한 것처럼, 이제는 디지털 빵가루의 비식별 데이터 활용에 관심을 가져야 한다.

예를 들어 통신사들이 현재 시각 강남역에 있는 사람 수를 실시간으로 보여주고 성별과 연령대, 직업군까지 보여준다면, 또 이것을 도식화해서 지도에 보여준다면 아주 유용한 정보가 될 것이다. 거기에 덧붙여 그것을 API로 만들어 개방하고 공유한다면, 그것을 응용한 다양하고 창조적인 새로운 서비스들이 등장할 것이다. 이런 디지털 빵가루를 비식별화해 사용한다면 개인정보는 절대 노출되지 않는다.

이제는 디지털 빵가루를 적극적으로 활용해야 한다. 공공기관, 통신사, 카드사, 교통기관, 포털 사이트 등에서 디지털 빵가루를 비식별화하는 노력이 필요하고, API를 통해 이것을 적극 개방해야 한다. 우리의 진정한 정체성은 우리의 이야기가 아니라 우리가 보낸 시간, 머무른 장소,

구매한 물건, 먹은 음식과 같은 디지털 빵가루로부터 정확히 드러난다.

앞으로 세계 빅데이터 시장은 연평균 35~40%가량 지속 성장할 것으로 보인다. 정보통신 및 데이터 저장처리 기술 발달로 수십조 테라바이트에 달하는 방대한 데이터가 다양한 형태로 저장되고 있다. 빅데이터의 특성을 이야기할 때 흔히 3V를 언급한다. 3V는 Volume(볼륨), Velocity(벨로시티), Variety(버라이어티)를 의미한다. 볼륨은 데이터의 크기를 뜻하고, 벨로시티는 데이터를 축적하고 분석하는 속도를 의미한다. 버라이어티는 데이터의 다양성을 뜻한다. 빅데이터는 이런 3V의 특성을 내포하고 있어서 끊임없이 생성되고 변화한다.

구글의 구글트립은 기존의 구글 지도에 사용자들의 데이터를 적극적으로 활용하는 크라우드 소싱 방식을 결합해 운영하고 있다. 구글트립은 지역의 관광명소, 주변 탐색, 유명 레스토랑 안내 등 다양한 서비스로 구분되어 있으며, 특히 구글 검색, 구글 광고, G메일Gmail등 기존의 구글 서비스와의 연계를 통해 축적한 고객 데이터를 분석해서 활용한다. 구글트립을 실행하면 그동안 나의 여행 및 출장 일정이 상세하게 뜬다. 구글트립은 사용자의 취향에 맞춰 맞춤형 정보를 제공한다는 장점을 가지고 있지만, 사용자 정보를 지나치게 수집한다는 비판도 나오고 있다.

커뮤니티 매핑은 지역 시민사회 구성원들이 지역 이슈나 사회 문화 같은 주제에 대한 정보를 자발적으로 수집하고 올려서 디지털 지도에 매핑해 공유하는 서비스다. 커뮤니티 매핑은 사용자 참여형 공유 및 소통의 장이다. 미국에서 허리케인이 발생했을 때 지역 주민들이 이용 가능한 주 요소를 자발적으로 만든 것이 큰 호응을 얻으며 확산되었다. 사람들이 어떤 주제에 관한 정보를 지도에 올리는 시간은 수초에 불과하다. 그러나 이 정보를 찾는 사람은 이것을 얻기 위해 엄청난 시간을 투자해야 한다. 디지털 빵가루는 커뮤니티 매핑의 의미를 그대로 가지고 있다. 개개인에게는 큰 의미 있는 정보가 아니지만 이것들이 모여서 분석되면 양질의 유용한 정보가 생성되는 것이다.

개인의 행동으로 인해 쌓이는 디지털 빵가루에는 개인의 정보가 담겨 있지만, 이것을 비식별화해 빅데이터로 활용하면 개인정보 유출 걱정을 없앨 수 있다. 이를 통해 다양하고 유용한 빅데이터 응용 서비스가 가능해지고 데이터 중심의 4차 산업혁명이 가속화할 것이다.

02. 문화적 유전자 밈 컬처

2020년 1월 유튜브에는 재미있는 영상들이 올라왔다. "왜들 그리 다운돼 있어? 뭐가 문제야, say something. 분위기가 겁나 싸해. 요새는 이런 게 유행인가…" 음악이 나오면 검지손가락을 까딱이며 볼에 댄다. 그리고 음악에 맞춰 팔을 앞뒤로 흔들면서 춤을 추기 시작한다. 가수 지코의 '아무노래 챌린지' 영상들이다. 50초 정도 길이의 '아무노래 챌린지' 영상들은 동영상 플랫폼 '틱톡'에만 10만 개가 넘게 등록되어 있고 누적 조회 수는 1억 3,000만 뷰가 넘는다. 화사, 청하, 강한나 등 유명 연예인들이 지코와 함께 챌린지 영상을 올렸고, 일반인들도 영상을 올리면서 챌린지 신드롬을 만들었다.

2006년 개봉한 영화 〈타짜〉의 조연 곽철용(김응수 분)의 인기도 거세게 몰아쳤다. 특히 "묻고, 더블로 가!"라는 그의 명대사는 13년이 지난 후 다시 주목을 받으며 많은 패러디 영상들을 양산했다. 영화 속 곽철용은 카리스마 넘치는 인물로, 치열한 도박판에서 "묻고, 더블로 가!"라고 배포 있게 외친다. 곽철용의 이런 명장면을 편집한 영상 콘텐츠가 확산되면서 곽철용이 크게 인기를 얻게 된 것이다.

'아무노래 챌린지'와 '곽철용 신드롬'에는 공통점이 있다. 짧고 인상적인 영상이 네티즌들의 호응을 얻으며 급속도로 확산되었다는 점이다. 이렇게 인터넷에서 유행하는 '짤'이나 짧은 영상과 그 속에 담긴 행동 양식 또는 문화를 '밈meme'이라고 한다. 인터넷과 소셜미디어가 발달한 현대 사회는 '밈'에 폭발적으로 반응하는 '밈 컬처'의 시대라고 해도 과언이 아니다.

밈은 생물학자 리처드 도킨스Richard Dawkins가 《이기적 유전자The Selfish Gene》에서 제시한 개념으로 '문화적 유전자'를 의미한다. 그는 '이기적 유전자 이론selfish-gene theory'을 제시하면서 유전자는 생존을 위해 자신을 위해서만 행동한다고 주장한다. 적자생존survival of the fittest은 유전자가 아닌 종種이 살아남는 의미다. 유전자는 운반자인 종의 이득을 위해 행동하는 것이 아니라, 자신을 다음 세대로 전달하기 위한 복제에만 관심을 갖고 행동한다는 것이다.

도킨스는 진화는 유전자 관점에서 이루어지기 때문에, 종 간의 경쟁이 아닌 유전자 간의 경쟁을 통해 진화가 이루어진다고 말한다. 그는 이런 진화의 개념을 생물학적 영역을 넘어서도 설명했는데, 바로 모방 또는 문화 전달의 단위인 '밈'이라는 개념이다. 밈은 그리스어 '미메메mimeme'를 '유전자gene'와 비슷한 음절로 만든 단어다. 도킨스는 밈의 사례로 노래 멜로디나 아치교를 건축하는 방법 등을 제시했다.

문화적 행동양식이나 지식도 유전자처럼 복제되어 전달된다. 문화양식도 사람들에게 계속 전달되면서 유전자처럼 자기만의 생명력을 지닌다는 것이다. 사람들에게 전달되는 유행이나 관습 그리고 새로운 기술 등이 밈의 단위를 형성한다. 밈은 주로 모방에 의해 우리의 뇌에 일시적으로 저장된다. 모방은 일련의 과정을 통해 뇌에서 뇌로 전이되는 현상이다. 밈은 유용한 것과 해로운 것을 가리지 않고 전파한다. 유전자가 그렇듯이 밈도 이기적으로 행동하기 때문이다.

대부분의 밈은 처음에 생겨나면 빠르게 모방 또는 복제되고, 의미가 변형되지 않는 선에서 가공 또는 재창조되며 인터넷과 소셜미디어를 통해 퍼져 나간다. 밈은 전파 과정 중 개인의 아이디어가 반영되어 가공되고, 영상 · 유행어 · 해시태그 · 그림 · 사진 · 몸짓 등 다양한 형태로 재창조되며, 대중적으로 사랑을 받는 경우 하나의 문화로 자리 잡기도 한다.

밈이 주류 문화가 되면 단기간에 사람을 끌어모으기 위해 마케팅이나 광고 등의 목적으로 활용되기도 한다. "펭하"라고 인사하는 펭수, "묻고, 더블로 가!"의 곽철용, 〈리베카〉를 부른 '탑골 GD' 양준일 등이 대표적인 예다.

밈 컬처는 유튜브 등 영상 미디어의 등장과 함께 시작되었다. 대표적으로 2014년 루게릭병 환자를 돕기 위해 시작된 '아이스버킷 챌린지'가 있다. 최근에는 셀럽뿐만 아니라 일반 대중도 함께 즐기기 시작하며 유행의 흐름을 바꾸고 있다.

2020년 이후 빌보드 차트 1위에 오른 가수 중 상당수가 밈을 일으킨 가수들이다. 싱글 차트인 빌보드 Hot 100에서 9주 동안 1위를 차지한 로디 리치는 데뷔 앨범 속 노래 〈더 박스The Box〉가 틱톡에서 밈을 일으키며 1위에 올랐다. 노래 앞부분이 유리창 닦는 춤과 함께 밈이 되어 '더 박스

챌린지'가 시작된 덕분이다. 19주 연속 1위를 차지한 릴 나스 엑스의 〈올드 타운 로드〉도 틱톡에서 '히허yeehaw 챌린지'로 밈을 일으키며 정상에 올랐다.

밈 컬처가 확산하는 것은 동영상 미디어가 대중적으로 큰 영향력을 가진 상황에서 거기에 올라온 재미있고 인상적인 짧은 영상들이 모방, 복제되면서 대중에게 인기를 끌기 때문이다. '콘셉팅concepting'을 즐기는 사람들이 늘어난 것도 이유 중 하나다. 밈의 확산에서 가장 중요한 건 자기복제다. 자기복제 과정에서 개인의 아이디어나 특성이 반영돼 재창조되면서 밈의 확산과 진화가 계속 이루어진다.

밈이 확산되는 이유는 무엇일까? 밈이 강력한 유전자이기 때문이다. 복제하기 좋은 특성, 즉 재미있고 쉽고 따라 하고 싶고 인상적인 특성을 가진 밈 자체가 하나의 문화적 유행이기 때문이다.

03. 무의미한 일상을 담다

2017년, 평범한 여고생이었던 김무비양의 유튜브 채널은 구독자 수 19만 명을 넘어섰다. 고등학교에 다니는 일상을 그대로 영상에 담은 브이로그Vlog로 단숨에 인기를 끈 것이다. 김양이 만든 '여고생의 수학여행 캐리어 짐 싸기' 브이로그는 조회수가 83만 회, '체험학습/수학여행/수련회 추천 메이크업'은 86만 회, '여고생 수련회 짐 싸기'는 109만 회를 넘는 등 대부분의 영상이 수십만 회에서 100만 회 이상의 조회수를 기록했다.

2018년 공무원 시험을 준비하는 한 남자 대학생이 만든 일상 브이로그는 아예 소리가 나오지 않는다. 동영상 속에서 그는 책을 보며 열심히 공부만 한다. 소리도 없고 음악도 없다. 공부 영상은 짧게는 1시간 45분에서 길게는 10시간까지 계속된다. '노잼봇'의 유튜브 구독자 수는 43만 명으로 '비 오는 일상'은 조회수 64만 회가 넘는다. 그가 올린 이런 단조로운 영상은 평균 조회수 20만 회를 상회한다.

유튜브에 특별한 정보나 의미를 담지 않은 자연스러운 일상을 찍은 영상들이 점점 많아지고 있다. 여행 가방에 짐을 싸고, 집 청소를 하고, 동네를 산책하고, 사무실에서 일을 보고, 혼자 밥을 먹고, 커피숍에서 커피를 마시고, 책을 읽는 모습 등을 영상으로 올린다. 수백만 명의 유튜브 사용자들이 이런 영상을 구독해 정기적으로 보고 있다.

일상을 비디오 형태로 찍어 올리는 것을 '브이로그Vlog'라고 한다. '브이로그'는 '비디오video'와 '블로그blog'의 합성어로, 글이나 사진이 아닌 비디오 형식으로 올리는 블로그이다. 브이로그는 주로 유튜브 같은 동영상 사이트나 각종 인터넷 스트리밍 서비스를 통해 확산되고 있다. 개인용 비디오의 촬영은 1980년대부터 시작되었다. 이후 2000년대 후반부터 인터넷의 속도가 빨라지고 디지털 캠코더가 등장하면서 점차 확대되었다. 특히 유튜브의 출현은 일반인들이 본격적으로 브이로그 시대를 열어갈 수 있는 계기를 만들어주었다. 인터넷의 대중화로, 방송사뿐만 아니라 개인도 미디어를 통해 영향력을 발휘할 수 있는 1인 미디어 시대가 열린 것이다.

브이로그를 하는 사람을 '브이로거'라고 부른다. 이들은 평소에 카메라를 가지고 다니면서 자신의 일상을 소소하게 기록한다. 의견, 생각, 일상 등을 사람들과 공유하기 위해 사용하는 온라인 플랫폼을 흔히 '소셜미디어Social Media'라고 한다. 소셜 미디어는 텍스트, 사진, 오디오, 비디오 등 다양한 형태를 띠고 있다. 대표적인 소셜미디어로는 블로그, 페이스북이나 인스타그램 같은 소셜 네트워크 서비스SNS, 팟캐스트, 유튜브 같은 동영상 사이트 등이 있다. 블로그와 비디오가 결합된 '브이로그'도 사람들 사이에서 많은 인기를 끌고 있다.

기존의 블로그는 여행, 요리, 인테리어, 사진 촬영, 반려견, 스포츠, 캠핑 등 전문성 있는 주제를 많이 다루었다. 반면 브이로그는 학교생활, 메이크업, 짐 싸기, 밥 먹기, 공부하기 등 자신의 평범한 일상을 가감 없이 드러낼수록 더 인기를 끈다. 이런 영상들은 그동안 인기를 끌었던 '먹방'이나 뷰티, 운동 등 VJ들이 특정한 정보를 전달하던 영상들과는 또 다르다. 브이로그란 특별할 것 없는 평범한 일상을 담아낸 영상인 것이다.

누구나 매일 경험하는 평범한 일상을 담아낸 브이로그가 사람들 사이에 인기를 얻는 이유는 무엇일까?

우선 영상이 글보다 쉽게 볼 수 있고 전파가 쉬운 이점이 있기 때문일 것이다. 또한 과거에 우리가 접해온 영상은 TV 속 잘생긴 연예인들의 잘 포장된 화려한 모습이었다. 그러나 브이로그는 그와 반대로 일반인들의 평범한 일상을 보는 것이다. 나와 동떨어진 연예인의 화려한 생활보다는 나와 비슷한 브이로거의 평범한 일상을 보는 데 더 관심이 많은 것이다. 이런 현상에는 SNS에서 흔히 접할 수 있는 타인을 몰래 훔쳐보고 싶은 관음증과 나와의 유사성을 확인하는 데서 오는 심리적 위안감이 작용한다고 볼 수 있다.

나와 비슷한 브이로거들의 평범한 일상을 보면서 나도 괜찮다는 위로를 받는다. 실제로 브이로그들 속 일상은 과장이나 인위적 연출이 거의 없다. 그래서 시청자들에게 더 친근하게 다가온다. 1인 가구 증가와 혼술, 혼밥, 혼영, 혼행 등 1코노미 시대의 영향도 브이로그 확산에 기폭제 역할을 하고 있다. 혼자 있을 때 외로움을 덜 느끼기 위해 나와 유사한 일상이 담긴 브이로그 영상을 찾아보게 되는 것이다.

최근의 소셜미디어는 유튜브가 주도하고 있다고 해도 과언이 아니다. 유튜브는 인터넷 서비스 생태계의 지형도를 바꾸고 있다. 동영상에 친숙한 1020세대를 중심으로 급속히 확산되면서 포털 사이트들이 제공하던 키워드 검색 시장까지 파고들고 있다. 2020년 기준으로 유튜브에는 1분당 약 500시간 분량의 영상이 올라오고, 한 달에 20억 명 이상이 시청한다.

와이즈앱은 2021년 1월 우리나라 국민 중 유튜브 앱을 사용한 사람은 4,041만 명으로 국내 스마트폰 사용자 중 무려 88%가 유튜브를 사용한다고 발표했다. 한 달 동안 유튜브를 사용한 시간은 총 12억 3,549만 시간으로, 1인당 30시간 34분, 하루 평균 59분 이상 사용한 셈이다. 실제로 유튜브는 검색, 음악 서비스, 하우투 등 다양한 기능을 갖춘 멀티 플랫폼으로 진화하고 있다.

그리스 신화에는 연못에 비친 자신의 모습에 매혹되어 눈을 떼지 못하다가 꽃이 되었다는 미소년 나르키소스의 이야기가 있다. 프로이트는 이를 '나르시시즘'이라고 불렀다. 나르시시즘은 지나친 자기애, 자신의 신체와 정신에 대한 자기중심적 숭배, 자기 확신감 등을 의미한다. 대부분의 사람들은 자신의 능력, 매력, 개성 등에 대한 나르시시즘을 가지고 살아간다. 특히 현대인들은 소셜미디어를 통해 나르시시즘을 더욱더 드러내고 있다. 소셜미디어에 자신의 이야기, 아름다움, 특징, 장점 등이 표현된 사진이나 동영상을 게시하면서 자신의 존재감을 과시하려 한다. 나르시시즘이 가장 전형적인 모습으로 나타나는 것이 바로 '셀카'다.

브이로그는 그동안의 소셜 미디어에서 볼 수 있던 나르시시즘과는 다른 면을 보여준다. 소셜 미디어는 나르시시즘 성향을 가진 사람이 자신의 이상적인 모습을 투영하고, 확인하고, 자랑할 수 있는 최적의 환경이다. 그러나 브이로그는 잘 보이기 위해 자기를 꾸미지 않고 있는 그대로의 모습을 보여준다. 인간의 자기애는 본능적인 것이지만, 꾸밈과 과장은 더 이상 미덕이 아닌 것이 되었다. 브이로그를 통해 있는 그대로의 일상을 보여주는 평범한 나르시시스트들이 대중문화를 바꾸고 있는 것이다.

04. 사생활 보호와 앵커링

2018년 구글은 유럽연합EU의 일반개인정보보호법GDPR, General Data Protection Regulation 위반 혐의로 제소되었다. 당시 구글은 모든 제품에 EU GDPR 규정을 항상 준수하고 있다고 밝혔다. 그러나 2019년 1월 프랑스 정보자유국가위원회CNIL는 구글이 이용자들에게 개인정보 제공 동의절차와 관련해 용이한 접근을 보장해야 한다는 EU GDPR 규정을 준수하지 않았다며 5,000만 유로(약 643억 원)의 과징금을 부과했다.

빅데이터는 방대한 양의 정형 또는 비정형 데이터를 수집하고 이로부터 가치를 창출, 분석하는 기술을 의미한다. 빅데이터 기술의 발전은 사회현상을 더욱 정확하게 분석 및 예측할 수 있게 하고, 사람들에게 정확한 맞춤형 정보를 제공할 수 있게 해준다. 빅데이터는 우리가 접근할 수 있는 모든 곳에 존재하는 디지털 데이터다.

빅데이터 속에 담긴 사람들의 경험과 생각 그리고 사용 패턴에 대한 분석 작업은 앞으로 다가올 미래사회에서 중요하고 의미 있는 데이터가 될 수 있다. 빅데이터는 우리의 일상생활을 그대로 데이터로 반영해준다. 그러나 빅데이터에는 매우 민감한 개인정보가 포함되어 있다. 통화 내역, 카드 거래 내역, 위치정보, 금융정보 등 상당히 높은 수준을 보안을 요구하는 개인정보들이다.

빅데이터 서비스는 개인정보 보호 이슈 때문에 항상 한계에 부딪쳐왔다. EU의 GDPR 전면 시행으로 전 세계가 새로운 개인정보 보호규제 패러다임을 맞이하게 되었다. GDPR은 기업이 사용자 데이터를 무분별하게 사용하는 것을 금지하며, EU 회원국 전체에 높은 수준의 개인정보 보호규정을 요구한다. EU는 이 제도의 시행을 통해 빅데이터 시대의 핵심 요소인 개인정보에 대한 통제권을 강화하는 동시에, 데이터의 자유로운 이동을 통해 디지털 산업의 주도권을 확보하겠다는 의도이다.

EU GDPR 중 빅데이터 관련 조항은 제5조 1항 (b)로, "공익을 위한 기록 보존 목적·과학 또는 역사 연구 목적·통계 목적의 개인정보 처리는 정보 주체의 동의 없이도 추가적 처리further processing가 가능하다. 다만 이 경우 가명 처리pseudonymisation 등 안전장치가 있어야 한다"고 명시하고 있다.

가명 처리란 추가적 정보의 이용 없이 개인정보를 특정 정보주체에게 귀속될 수 없는 방식으로 처리하는 것을 의미한다. 비식별화 처리 정도가 낮은 상태로 가명 처리를 했더라도 여전히 개인정보라고 본다. 반면 익명 처리anonymisation는 비식별화 처리 정도가 매우 높아 앵커링이 어려워 개인정보가 아니라고 본다.

정보와 정보를 연결해 특정 개인을 유추하는 것을 '앵커링'이라고 한다. 그동안 각국 정부는 앵커링이 무서워 비식별 빅데이터의 공개와 제공에 제한적이었다. EU GDPR의 빅데이터 조항의 통계적 목적은 공익적 목적뿐만 아니라 웹사이트의 애널리틱 분석이나 시장조사를 목적으로 하는 빅데이터 분석 기술과 같은 상업적 목적도 포함하고 있다.

우리나라의 경우 빅데이터에 해당하는 조항은 개인정보보호법 제18조 2항이다. 우리나라 법은 비식별화 정도를 매우 높여서 익명 처리를 해야만 추가 처리가 가능하다. 일본의 경우는 복원이 불가능한 가명 처리로 우리보다 정도가 낮다. 처리 항목의 경우도 EU는 전체적인 처리를 허용하고 있지만, 우리나라는 제공만 허용한다. EU GDPR과 비교할 때, 우리나라 법은 빅데이터 조항으로서 제 기능을 수행하지 못하는 수준이었다.

2019년, 정부는 1조 원의 예산을 투입하여 데이터 경제 활성화와 규제 혁신을 통해 '데이터 고속도로'를 구축하겠다고 밝혔다. 이후 2020년까지 빅데이터 센터 100여 곳이 새로 만들어졌고, 중소 · 벤처기업이 데이터를 구매하고 가공할 수 있는 바우처 사업이 시행되었다.

또한 정부는 데이터 경제 활성화 대책으로 익명 정보와 가명 정보를 도입하기로 했다. 정부 발표는 2가지 측면에서 향후 빅데이터 분야의 데이터 활용에 기대가 된다. 우선 사물의 위치정보 보호 완화다. 기존에는 앵커링을 통해 개인을 파악할 수 있다고 보고 사물의 위치정보를 사람과 똑같이 취급 관리했다. 그러나 앞으로 4차 산업혁명의 핵심인 자율주행차, 드론, IoT 등에 필수적인 위치정보에 대한 활용이 대폭 개선될 수 있다. 또 하나는 가명 정보를 도입하는 것으로, 비식별 데이터를 식별 가능하게 하는 것을 엄격히 관리한다는 조항이다. 이를 통해 비식별 데이터의 활용성이 크게 향상될 수 있을 것이다.

05. '안물안궁' TMI

2019년 4월 케이블방송사 Mnet은 아이돌과 관련한 시시콜콜한 연예정보를 다루는 토크쇼 〈TMI 뉴스〉를 방영하기 시작했다. 이 프로그램은 '아이돌 정보 과부하 차트 쇼'를 표방하며 '이건 사생활 침해 수준이야' '이런 정보는 알고 싶지도 않아' '안물안궁(물어보지 않았고 궁금하지도 않아)' 등 굳이 알 필요가 없는 사소한 정보들을 중심으로 이야기를 풀어간다. '숨어서 듣는 명곡 BEST 10'이라는 주제로 아이돌 스타들이 아무도 모르게 혼자 부른 숨은 노래들도 소개한다.

SNS를 보면 TMI라는 용어를 쉽게 접할 수 있다. '투 머치 인포메이션 Too Much Information'의 약어로 필요 이상의 많은 정보나 굳이 알 필요 없는 정보를 접할 때 주로 사용한다. 'TMI'라는 용어는 대화나 채팅창에서 자주 사용하는데, 상대방이 자기 자신이나 누군가에 대해 지나치게 사소하고 굳이 알 필요도 없는 정보를 말할 경우 'TMI'라고 응수하면 더 이상 듣고 싶지 않다는 뜻이다.

과거에는 정보 생산이 소수의 전유물이었고 정보의 전파속도가 매우 느렸기 때문에 정보가 항상 부족했고 정보를 접하는 기회도 충분하지 않았다. 역사적으로 더 많은 정보를 확보할 경우 생존 확률이 높아졌기 때문에 인간은 본능적으로 더 많은 정보 수집을 추구해왔다. 인간이 정보 수집을 추구해온 과정은 곧 인류 문명 발전의 역사다. 하지만 지금은 '정보의 바다'라는 말이 과언이 아닐 만큼 과잉 정보가 한꺼번에 쏟아지고 있다. 2020년 디지털 정보는 2005년의 약 300배로 증가했고 2013년보다는 10배 증가했다. 디지털 정보량은 매년 2배씩 증가하고 있다.

SNS와 모바일 메신저 같은 디지털 플랫폼이 크게 늘어나고 모바일을 통해 실시간으로 접속할 수 있는 시스템이 구축되면서 디지털 정보량 증가는 점차 더 가속화되고 있다. 또한 위치정보 서비스LBS, 사물인터넷 IoT, CCTV, 금융거래, 교통정보, 기상정보, 스마트시티 등 수많은 빅데이터들이 실시간으로 수집되고 분석되면서 디지털 정보의 빅뱅 시대를 예고하고 있다.

IT 산업의 화두인 초지능과 초연결로 대표되는 4차 산업혁명은 정보 생산의 주체를 기존의 소수 전문가 집단에서 평범한 개인들에게로 옮겨 놓고 말았다. 이제 우리 모두가 언제 어디서나 정보를 소비하고 생산하는 '프로슈머'가 된 것이다. 우리가 일상에서 SNS와 메신저를 사용하고, 포털 사이트에서 검색을 하고, 신용카드로 거래를 하고, 교통수단을 이용하고, 지도를 보고, 전화 통화를 할 때 발생하는 정형 또는 비정형 데이터의 수집 및 분석을 통해 새로운 가치가 창출될 것이다.

그러나 정보 과잉, 즉 TMI의 유통은 사회적으로 여러 가지 문제점을 야기한다. 불필요하고 사소한 정보지만 그 정보가 유통되어 누군가에게 피해를 줄 수 있다. 또한 과잉 정보와 댓글로 특정인의 명예를 훼손하거나 사생활을 침해할 수도 있다. 정보에 접근하고 정보를 유통하는 문턱이 낮아져 정보를 이용하기가 점점 더 편리해졌지만, 이로 인한 문제점도 점점 늘어나고 있는 것이다.

'TMI 현상'이 증가하는 이유는 무엇일까? 디지털 정보량이 늘면서 부적절한 정보 사용이 늘어났기 때문이다. 현재 우리 사회는 과잉 정보를 넘어 정보 과부하 상태로 넘어가고 있다. 디지털 산업의 발전은 인간의 정보처리 능력에 비해 지나치게 많은 정보가 전달되고 유통되게 만들었다. 너무 많은 정보로 인해 적절하고 정확한 정보를 선별하지 못하고 정확한 정보가 불필요한 정보에 파묻히는 것이 바로 TMI 현상이다.

특정한 정보를 부적절하게 사용하는 것, 정보의 악용과 오남용이 증가하는 것도 TMI 현상을 부추기고 있다. 최근 TMI는 정보의 부적절한 사용을 의미하기도 한다. 부적절한 정보로 누군가를 불쾌하게 만드는 것도 TMI다.

그러나 인간의 친교에서 TMI는 매우 중요하다. 친하고 가까운 사람일수록 사소하고 불필요한 이야기를 많이 주고받는다. 가족, 친한 친구, 회사 동료 등 강한 연결과 유대를 가지고 있는 그룹에서 TMI를 더 많이 주고받는다. 사소하고 불필요한 이야기를 나누면서 공감하고 서로에 대해 더 많이 알게 되는 것이다. 아이디어 발굴이나 새로운 창작 과정에서도 TMI는 필수다. 구성원들과 사소하고 불필요한 TMI를 이야기하는 과정에서 좋은 아이디어가 샘솟는다.

현대를 살아가는 우리는 잠시도 스마트폰을 손에서 내려놓지 않는다.

매일 3시간 이상 스마트폰을 사용하는 사람은 전체 인구의 64%가 넘는다. 우리는 카카오톡, 포털 사이트, 인스타그램, 유튜브, 페이스북 등을 하루 종일 무한 반복해서 사용한다. SNS와 단톡방에서 온라인 친구들이 자랑하는 수많은 일상과 정확성을 파악할 수 없는 수많은 정보들이 링크를 타고 퍼져 나간다. 사람들이 SNS에 올리는 인증 사진이나 단톡방의 소식들 역시 우리의 일상을 채우는 TMI들이다. 나 또한 누군가에게는 의미 없는 TMI를 끊임없이 올리고 있다.

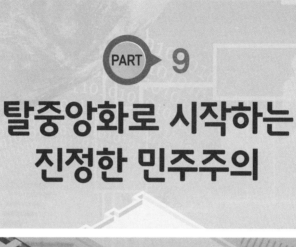

PART 9

탈중앙화로 시작하는
진정한 민주주의

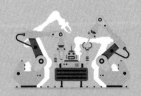

01. 제2의 인터넷 혁명

 국내외의 많은 전문가들이 블록체인을 제2의 인터넷 혁명이라고 부르고 있다. 블록체인은 다보스 포럼에서 4차 산업혁명을 이끌 기반기술 중 하나로 선정되면서 전 세계적으로 주목을 받기 시작했다. 초연결 사회, 집단지성 등 새로운 키워드를 창시한 미국의 경영 컨설턴트 돈 탭스콧Don Tapscott은 "인터넷이 지난 30년을 지배해온 것처럼 앞으로는 블록체인이 우리의 미래를 30년 이상 지배할 것"이라고 선언했다. 세계경제포럼WEF 보고서는 "2025년에는 전 세계 GDP의 10%가 블록체인에 의해 발생할 것"이라고 발표하면서 블록체인 혁명이 미래경제의 핵심축이 될 것으로 전망했다.

 블록체인 기술은 암호학과 분산 시스템에 기반을 두고 특정한 제3자가 거래를 보증하지 않아도 각 거래 당사자끼리 이를 부인할 수 없는 방법으로 데이터를 전달하는 네트워크 기술이다. 분산 네트워크 환경에서 정보가 안전하게 관리되기 때문에 블록체인을 '분산형 장부'라고 표현하기도 한다. 지금까지 대다수의 정보처리 방식은 데이터베이스를 중앙 집중적으로 관리했다. 이에 반해 블록체인 기술은 개방된 네트워크 환경에서 빠르고 저렴한 개별 정보 거래의 모델을 만들어냈다. 고가의 전통적인 중앙집중적 시스템 구조와 가치사슬을 수평적이고 분산된 환경으로 바꾼 것이다.

블록체인에서는 거래가 성립되는 즉시 거래 내역이 안전한 방법으로 생성되어 네트워크에 공유된다. 거래 과정에서 공증 등 다른 절차를 거치지 않고도 당사자들끼리 안전하고 신뢰도 높은 거래를 할 수 있다. 블록체인을 통하면 거래 시간과 비용을 크게 절감할 수 있어서 그 활용 범위가 점차 확대되는 추세다. 블록체인 기술이 가장 활발하게 적용되는 금융 분야뿐만 아니라 IoT · 물류 · 제조 · 유통 등 산업 분야와 행정 서비스 등 공공분야에도 블록체인 기술 적용이 확산되고 있다.

블록체인은 당초 비트코인 거래를 위한 보안 기술로 개발됐다. 비트코인은 인터넷 가상화폐의 일종이며 블록체인은 가상화폐로 거래할 때 발생할 수 있는 해킹을 막는 핵심기술이다. 기존 금융거래의 경우 은행의 중앙 서버에 거래 기록을 보관하는 반면, 블록체인은 온라인 거래에 참여하는 모든 사용자에게 거래 내역을 보내주고 거래 때마다 이를 대조해 데이터 위조를 막는 방식이다. 거래 장부가 공유되어 수시로 검증이 이루어지기 때문에 원칙적으로 해킹이 불가능하다.

데이터를 블록block 단위로 나눠 네트워크상에 분산시켜 저장한 후 연결chain하는 방식이어서 '블록체인'이라고 명명되었다. 하나의 거래나 정보는 곧 하나의 블록이 되고 거래나 정보가 추가될 때마다 블록이 하나씩 쌓이는 것이다. 이 블록들은 중앙 서버에 저장되지 않고 분산되어 다수의 참여자에게 저장된다.

우리가 블록을 쌓다가 중간에 블록 하나를 바꾸고 싶을 경우 그 블록만

빼낼 수는 없으므로 위에 쌓인 블록을 다 내리고 그 블록을 바꿔야 할 것이다. 블록체인도 마찬가지다. 블록체인에서 중간에 있는 블록을 바꾸려면(즉 금융거래에서 특정한 거래 내역을 해킹하려면), 중간 블록부터 지금까지 쌓여온 모든 블록을 다 변경해야 한다. 그러나 블록들은 이미 분산되어 저장되어 있기 때문에 동시에 변경하는 것은 사실상 불가능하다. 블록체인은 일정 시간마다 공유되기 때문에 데이터 변조가 불가능한 것이다.

블록체인은 '공공 전자 원장'으로 사용자들이 공개적으로 공유할 수 있으며, 원장에는 각각 타임 스탬프Time Stamp가 적용되어 변경 불가능한 디지털 기록을 생성한다. 각 디지털 기록을 블록이라고 부르며, 이 블록에 관여하는 사용자 세트가 전자 원장에 참여할 수 있다. 블록체인은 당사자들 사이의 합의에 의해서만 업데이트할 수 있으며, 새로운 데이터가 입력되면 절대로 삭제할 수 없다.

블록체인은 데이터를 수정할 수 없기 때문에 기록 보존 및 감시 목적에 적합하다. 또한 블록체인 기술은 비트코인처럼 특허가 없는 오픈소스로 그 활용가치가 매우 높다. 블록체인을 이용하면 데이터베이스 유지 보수와 보안에 드는 막대한 비용을 줄일 수 있어 다양한 산업분야에 활용이 가능하다.

두바이 정부는 2020년대까지 모든 정부 문서를 블록체인으로 관리하는 프로젝트를 진행 중이다. 인도 마힌드라 사社는 IBM과 협력해 인도 전체 금융 공급망을 재편하기 위한 블록체인 솔루션을 개발하고 있다. 또한 월마트는 식음료 운송·판매 과정을 추적하기 위해 블록체인 기술을 도입했다. 중국 시장에서는 돈육 추적용으로 개발한 블록체인 파일럿 프로그램을 운영 중이며, 미국 시장에서도 다른 품목에 대해 적용을 확대해나가고 있다. 해운회사 머스크 라인은 물류 계약, 선적, 운반 등 전 과정에 블록체인 도입을 진행하고 있다. 블록체인을 통해 서류 업무를 획기적으로 줄여 연간 수억 달러의 비용을 감축할 수 있을 것으로 기대하고 있다.

영국 중앙은행은 국내총생산GDP의 30%에 해당하는 정부 채권을 블록체인 기반 디지털 화폐로 발행할 경우 실질 이자율이 하락하고 거래비용이 감소하는 효과로 영국 GDP가 3% 늘어날 거라는 분석 보고서를 내놓았다. 중국의 자동차 회사인 완샹 그룹은 블록체인 기술에 기반해 운영되는 스마트시티를 조성하기 위해 7년간 약 33조 원을 투입해 블록체인 기반의 스마트시티를 개발 중이다.

국내에서도 비금융권에서 블록체인 기술 도입이 속속 이루어지고 있다. SK C&C는 국내외 선사들을 위한 '블록체인 물류 서비스'를 개발하고 선주, 육상 운송업자, 화주 등 물류 관계자 모두가 P2P 네트워크로 물류정보를 공유, 관리하는 서비스를 제공 중이다. 삼성SDS도 블록체인 사업을 본격 전개하기 시작했다. 자체 개발한 블록체인 플랫폼으로 블록체인 기반 신분증 관리와 지급결제 서비스를 상용화했다.

블록체인은 미래 국가경쟁력을 좌우할 수 있는 아주 중요한 기술이자 진정한 민주주의를 실현할 수 있는 개념이다. 블록체인은 더 이상 비트코인이나 금융 서비스에서만 사용되는 편협 한 기술이 아니라 물류·유통·공공·스마트시티 등 산업분야 전체에서 정보관리의 효율화와 혁신을 불러일으킬 수 있는 범용적인 기술이고 새로운 철학이다. 정부나 사회가 적극적으로 블록체인 기술과 탈중앙화 개념을 수용해 새로운 미래 성장동력을 준비해야 하겠다.

02. 탈중앙화 혁명과 거버넌스

　　사회, 국가, 회사, 조직 등은 계속해서 의사결정과 판단을 해야 한다. 올바른 의사결정과 판단이 이루어지려면 합의된 규칙과 통제자의 역할이 매우 중요하다. 한 사회나 국가, 회사, 조직 등을 유지하기 위해 필요한 운영방식이나 의사결정 시스템을 거버넌스governance라고 한다.

　거버넌스는 한 사회나 국가, 조직의 협력 수준과 범위를 좌우하는 가장 중요한 요소이다. 지금까지 인류가 사용한 거버넌스 방식은 크게 2가지다. 중앙화 방식과 탈중앙화 방식으로, '통제에 의한 합의'와 '전체적 합의'라고 할 수 있다.

　탈중앙화는 어떤 조직의 활동, 특히 계획이나 의사결정과 관련된 활동을 중앙의 권위 있는 집단으로부터 다수에게 분산시키거나 위임하는 프로세스다. 탈중앙화의 핵심은 합의 프로세스다. 블록체인의 핵심 개념도 결국 합의 프로세스를 탈중앙화하는 것이다.

　과거에 일어난 일이나 현재 상태에 대한 합의 등 사실에 대한 합의를 컨센서스consensus라고 하고, 미래에 어떻게 할지에 대한 합의, 즉 결정에 대한 합의 방식을 거버넌스governance라고 한다. 탈중앙화는 어떤 네트워크 내에서 일어난 사건에 대한 사실과 의사결정에 관련된 합의를 중앙의 권위 있는 집단으로부터 네트워크 내 다수에게 분산시키거나 위임하는 프로세스이다.

여러 주체들로 구성된 사회에서 합의를 이루려면 큰 비용이 발생한다. 그래서 대부분의 국가나 사회, 회사에서는 합의하는 방식으로 중앙화를 선택한다. 블록체인과 탈중앙화 개념은 합의에 드는 비용을 유의미한 수준으로 낮출 수 있어 복잡한 사회에서도 운영이 가능하다.

중앙화 방식과 탈중앙화 방식에는 각각 장단점이 있다. 일반적으로 안정성과 신뢰성이 중요한 곳에서는 중앙화 방식의 거버넌스를 사용하고, 구성원들의 동기부여가 중요한 곳에서는 탈중앙화 방식의 거버넌스를 사용해왔다. 사회나 국가는 상황에 따라 이 2가지 방식을 적절히 조합해서 사용했다. 우리나라의 입법을 담당하는 국회는 중앙화 방식으로 운영된다. 우리가 직접 선출한 국회의원들이 국민을 대신해 직접 입법 과정을 책임진다.

그런데 블록체인은 그전까지 불가능했던 사회의 탈중앙화 거버넌스를 가능하게 만들었다.

국가는 국민·영토·주권의 3요소를 토대로 한다. 경제 영역에는 국가 이상의 영향력을 행사하는 범국가적 기업들이 존재한다. 영토가 없고 국민도 없지만 범국가적 영향력을 가진 기업들이 이미 국가들에 영향력을 미치고 있다. 구글, 페이스북 등은 대표적인 범국가적 거버넌스다. 이들을 중심으로 암호화폐가 활발하게 사용된다면 범국가적 국가와 다를 바가 없을 것이다. 탈중앙화 거버넌스는 자유시장 경제에 기초를 두고 있고 권력의 분산에까지 확장된 거버넌스다. 강자의 논리가 아닌, 구성원 모두의 합의에 의해 질서가 만들어지는 사회다.

탈중앙화 개념과 블록체인 기술이 등장한 것은 기존의 화폐나 중앙 권력에 대한 불신 때문이다. 2008년 글로벌 금융위기 당시 국민들은 고통에 빠졌지만, 미국 중앙은행은 달러를 무한정 찍어내 부실 금융기관과 부실기업을 구제했다. 그러나 구제받은 금융기관과 부실기업 CEO들은 고액의 연봉을 받으며 달러를 향유했다.

이 일을 계기로 달러와 제도금융에 대한 불신이 커지면서 누구도 통제하거나 조작할 수 없는 화폐를 만들고자 하는 욕구가 생겨났고, 그렇게 해서 만들어진 것이 바로 비트코인이다. 비트코인은 국가든 중앙은행이든 어느 누구도 통제할 수 없는 탈중앙화 거버넌스를 갖고 있는 투명한 디지털 화폐다.

블록체인은 기록된 데이터의 신뢰를 보증하는 기술이지만, 이를 넘어 탈중앙화 개념을 토대로 가장 민주적인 방식을 사용해 구성원 모두가 합의에 이르는 프로세스를 제시한 것이다. 또한 이런 탈중앙화 개념의 거버넌스 체계로 만들어진 암호화폐는 기존 화폐를 통제하는 중앙 권력에 대한 불신이 높은 현상황에서 기존 화폐를 대체할 가능성을 갖고 있다.

또한 암호화폐는 네트워크의 가치와 연동되어 네트워크 참여자들이 가치 있는 일을 할 때마다 그 자산으로 보상을 해주는 토큰 이코노미를 가지고 있다. 이런 블록체인과 암호화폐는 참여자들이 공공의 이익을 위해 행동하도록 유도하는 수단이 된다. 이를 통해 블록체인 기술과 암호화폐는 공동체 네트워크 내에서 합의 프로세스를 기반으로 탈중앙화 거버넌스를 만들 수 있다.

합의 체계인 거버넌스와 사회의 변화는 인류 역사에서 항상 그 궤를 함께해왔다. 블록체인은 인류가 지금까지 사용해온 중앙화 거버넌스 체계를 탈중앙화 거버넌스 체계로 바꾸어나가는 새로운 혁명으로 인류 역사에 새로운 변혁을 가져다줄 것이다.

03. 생태계를 이끌어갈 토큰 이코노미

최근까지 정부는 암호화폐 거래소의 폐쇄까지 검토하며 암호화폐를 투기로 규정하고 강력한 규제책을 마련하고 있다. 반면 암호화폐의 기반 기술인 블록체인 기술은 4차 산업혁명의 핵심 기술로 보고 앞으로 적극 육성하겠다고 한다. 블록체인과 암호화폐에 대한 분리 대응이 과연 가능한 것일까?

지난 30년간 우리 사회의 모습을 송두리째 바꿔버린 인터넷의 핵심은 바로 '연결'이다. 모든 컴퓨터가 연결되면서 세상은 새로운 변화를 겪게 되었다. 블록체인은 인터넷의 '연결'에 '신뢰'라는 또 하나의 가치를 더한 개념이다. 중앙집중형 구조가 아닌 분산자율형 구조라서 '신뢰'라는 가치가 가능하다. 연결에 참여하는 다수가 자발적으로 함께 정보를 검증하고 관리한다.

블록체인에서 분산 저장과 검증이 가능하려면 누군가가 컴퓨팅 리소스를 네트워크에 제공해야 한다. 이때 불특정 다수가 네트워크에 노드node로 자발적으로 참여하는 행위로 인해 블록체인은 인프라적 토대를 갖게 된다. 블록체인은 크게 공개형인 퍼블릭public 블록체인과 폐쇄형인 프라이빗private 블록체인으로 나뉜다.

　퍼블릭 블록체인은 노드로 참여하는 참여자들을 경쟁하게 하고 참여자에게 인센티브로 암호화폐를 제공한다. 비트코인이나 이더리움의 경우 노드에 참여하는 것을 채굴이라고 한다. 채굴자들은 노드에 참여해 다음 블록 저장에 사용될 난스nonce 값을 찾는다. 난스를 제일 먼저 찾은 노드에게 보상이 주어진다. 난스는 난이도를 조절해 네크워크상의 노드들의 협업이 적당한 속도로 이루어지게 하는 역할을 한다. 채굴자들은 보상받은 암호화폐를 현금으로 교환할 수 있기 때문에 기꺼이 자신의 컴퓨터를 네트워크에 제공한다. 다시 말해 암호화폐는 퍼블릭 블록체인에서 네트워크 참여를 유도하는 중요한 요소 중 하나인 것이다.

　따라서 암호화폐와 퍼블릭 블록체인의 분리는 실질적으로 어려우며, 분리된다면 퍼블릭 블록체인의 본질적 가치는 사라지게 된다. 전문가들이 암호화폐와 블록체인을 분리해서 대응하겠다는 정부 정책 기조가 모순이라고 지적하는 것도 이런 요인 때문이다. 흔히 퍼블릭 블록체인은 인터넷과 비교되고 프라이빗 블록체인은 인트라넷과 비교된다. 정부 정책대로 암호화폐와 퍼블릭 블록체인을 분리 대응한다면, 인터넷은 못하게 하고 인트라넷만 육성하자는 것과 같다. 퍼블릭 블록체인을 발전시키려면 암호화폐를 투기 및 규제 대상으로 보는 정부의 시각에 변화가 일어나야 한다.

　현재 암호화폐 거래소에서 거래되고 있는 1,000여 개의 암호화폐들은 자기만의 블록체인 생태계를 가지고 탄생했다. 은행 간 국제 송금을 위한 블록체인인 리플Ripple/XRP, IoT 기기 간 거래를 위한 블록체인인 아이오타IOTA, 개인 간 전력거래 생태계인 파워레저Power Ledger/POWR, 항공안전 생태계를 위한 에어론AERON/ARN, 치과의료 블록체인 생태계를 위한 덴타Denta/DCN, 비디오자키VJ 보상을 위한 트론Tron/TRX 등 암호화폐들은 각자 다양한 블록체인 생태계를 위해 태어난 것이다.

암호화폐 중 상당수는 이미 관련 블록체인 생태계 안에서 연료나 인센티브 용도로 사용되고 있다. 나머지 암호화폐들도 암호화폐 거래소 상장ICO, Initial Coin Offering을 통해 재단으로 들어온 자금으로 관련 블록체인 생태계를 만들어가는 중이다. ICO는 신규 암호화폐(코인)을 발행해 자금을 조달하는 방식이다. 주식 상장으로 자금을 확보하는 기업공개IPO, Initial Public Offering와 유사하다.

블록체인 기술의 무궁한 가능성을 기대하고 있긴 하지만, 현실에서 블록체인과 암호화폐가 잘 사용되는 곳을 찾기란 쉽지 않다. 블록체인이 실제 사회에서 제대로 기능할 수 있다는 가능성을 보여준 서비스가 있는데, 바로 '스팀잇steemit'이다.

'재주는 곰이 부리고 돈은 사람이 번다'라는 속담이 있다. 그런데 현실도 속담과 다르지 않다. 좋은 콘텐츠를 만드는 제작자는 정작 돈을 못 벌고, 그것을 서비스하는 플랫폼 사업자만 돈을 번다. 정보·음악·소설·게임·만화·기사·SW 등 대부분의 콘텐츠들도 마찬가지다. 열심히 재주를 부리는 콘텐츠 창작자는 많은 돈을 벌지 못한다. 스팀잇은 이런 구조적 모순을 바꾸기 위해 시작된 서비스다.

스팀잇에서는 '업보트upvote'를 많이 받은 글은 보팅 수에 비례해 스팀

달러로 보상을 받는다. 페이스북은 좋은 글을 써서 많이 공유되어도 아무런 보상이 없다. 반면 스팀잇은 좋은 글을 쓰면 보상을 받는다. 스팀잇은 소셜 플랫폼 중 처음으로 '토큰 이코노미'를 구현해 사람들에게 인기를 모았다.

스티머steemer가 올린 콘텐츠는 블록체인에 기록된다. 등록된 콘텐츠는 7일이 지나면 수정이나 삭제가 불가능하다. 콘텐츠에 추천을 누르는 스티머들에게도 보상이 돌아간다. 콘텐츠를 통해 얻은 수익의 75%는 창작자에게, 25%는 업보트한 추천자에게 돌아간다.

스팀잇에서 보상으로 지급되는 토큰은 스팀Steem, 스팀파워Steem Power, 스팀달러Steem Dollars 세 종류다. 스팀은 암호화폐 거래소에서 거래되며 시세가 형성된다. 스팀파워는 영향력을 나타내는 것으로, 스팀파워를 많이 보유한 스티머가 다른 스티머의 글에 투표하면 영향력에 따라 보상 크기가 달라진다. 스팀달러는 미국의 화폐단위인 달러의 가치를 갖는 스테이블 토큰이다. 이런 블록체인 기반 토큰들은 '스팀잇'이라는 생태계가 돌아가는 데 필요한 주 원료이다.

일반적으로 콘텐츠 플랫폼은 광고를 통해 수익을 창출한다. 제대로 된 콘텐츠보다는 광고성 게시물이 많다 보니 전반적으로 품질이 떨어지고 좋은 콘텐츠를 찾기가 어렵다. 하지만 스팀잇은 양질의 콘텐츠를 올렸을 때 수익을 얻는 구조라 광고가 필요 없고, 창작자 및 독자가 모두 이익을 볼 수 있다. 모든 참여자가 공정하게 평가받고 기여한 만큼 보상을 받는 투명한 플랫폼이다. 이런 플랫폼이 앞으로 모든 서비스와 시스템이 따라야 할 이정표가 될 것이다.

04. 디지털 화폐 전쟁

　　인류 역사상 화폐는 그 시대의 기술과 궤를 같이했다. 석기시대에는 돌이 화폐였고, 청동기시대에는 동이, 연금술이 발달한 철기시대에는 금과 은이, 그리고 중세에 들어와 인쇄술이 발달하면서 종이가 화폐가 되었다. 마그네틱 기술과 전자 기술이 발달하면서 신용카드와 직불카드가 등장했고, 인터넷이 발전하면서 온라인 화폐가 등장했다. 그리고 암호기술이 발달하면서 암호화폐가 등장한 것이다. 디지털 화폐와 암호화폐가 등장하고 사용되는 것은 적응에 시간이 필요할 뿐이지 어찌 보면 당연한 흐름이라 할 수 있다.

　　2018년 하반기 암호화폐 거래소 상장ICO 시장이 주춤하자 새로운 암호화폐 발행 방식들이 대거 등장했다. 이른바 에쿼티 투자, 신규 거래소 공개IEO, Initial Exchange Offering, 증권형 토큰 공개STO, Security Token offering, 보상형 공개IBO, Initial Bounty Offering 등이다. 많은 블록체인 기업이 초기 자금 조달 방식으로 ICO를 선택했다. 그러나 2019년부터는 다른 대체 방식으로 빠르게 진화하고 있다.

ICO 시장은 성장 기대감에 따른 투자금이 몰리면서 크게 확장되었다. 2018년 1월부터 5월까지 진행된 ICO가 537건이고 모집 금액은 137억 달러(약 15조 원)에 달한다. 당시 ICO 투자금액은 전 세계 벤처캐피털의 투자금액보다 약 3.5배 많았다고 한다. 그러던 ICO 시장이 암호화폐의 가치하락과 함께 빠르게 침체되었다. 그 대안으로 에쿼티 투자, IEO, STO, IBO 같은 새로운 형태의 투자 방식이 등장한 것이다.

기존 ICO 방식은 백서에 의존해 투자가 이루어졌다. 그 결과 토큰이 상장되지 못할 가능성도 있고 해당 ICO가 사기로 끝날 수도 있었다. 반면 새로운 형태의 토큰 분배 방식인 에쿼티 투자, IEO, STO, IBO, DAICO, SEICO 등은 이런 위험을 해소해준다.

IEO는 암호화폐 거래소가 직접 암호화폐 자금을 모집하고 공개까지 해주는 시스템이다. 거래소에 상장을 확정한 뒤 거래소가 책임지고 검증하기 때문에 ICO보다 신뢰할 수 있다. 또한 IEO는 토큰 배포 및 판매가 ICO 업체가 아닌 거래소를 통해 이루어진다.

STO는 주식의 권리를 토큰에 합친 개념이다. 지금까지 일반적인 ICO를 통해 발행된 토큰은 유틸리티 토큰Utility Token이다. 유틸리티 토큰은 특정한 토큰 생태계에서 상품이나 서비스를 구매할 수 있는 권한만 있다. 다시 말해 토큰 발행사에 대한 의결권이나 배당 청구 등의 권리는 없다. 반면 STO 방식으로 투자한 시큐리티 토큰은 토큰 발행사에 대한 소유권을 갖게 된다. 그러나 미국을 비롯한 여러 나라에서 시큐리티 토큰의 ICO 및 상장을 금지하고 있다.

IBO는 블록체인 생태계가 만들어지는 과정에서 참여자에게 토큰을 대가bounty로 지급하는 방식으로 함께 생태계를 키워갈 수 있다. IBO는 토큰을 분배하고 생태계 성장을 도모하는 측면에서 긍정적으로 작용한다.

일본 라인이 자체 개발한 암호화폐 '링크'의 분배가 IBO 방식에 해당한다. 라인은 링크토큰과 블록체인 네트워크인 '링크체인'을 공개하고 기존 암호화폐와 다르게 자금조달 목적의 ICO를 하지 않고, 라인 생태계 내의 특정 서비스 이용을 통해 링크토큰을 분배할 수 있는 '유저 보상Reward' 개념을 적용했다.

DAICO는 DAO Decentralized Autonomous Organization(탈중앙화된 자율조직)와 ICO의 합성어로, 한 번에 투자금을 내지 않고 일정 기간에 걸쳐 분납하는 것이 핵심이다. 투자자는 프로젝트 의사결정에 참여하고 환급Refund도 가능하다. SEICO는 'Secured ICO'와 'Ensured ICO'를 결합한 형태다. Secured ICO는 토큰 일부만 우선 구매하고 이후 토큰 가격이 상승하면 처음 조건으로 사는 방식이다. Ensured ICO는 ICO에 참여할 때 제공한 비트코인이나 이더리움의 가격이 오르면 차액을 돌려받는 구조다.

2021년 4월 중국 인민은행이 디지털 위안화e-CNY로 불리는 '중앙은행 디지털 화폐CBDC, Central Bank Digital Currency'를 세계 최초로 상용화하기로 결정하고 초읽기에 들어간 가운데. 미국과 일본 등도 디지털 화폐 도입을 검토하고 있다.

일본은행은 디지털 엔화 발행 타당성을 연구하기 위한 실험을 시작했고, 2022년 3월까지 진행될 1단계 실험에서 CBDC 발행, 유통, 교환의 기술적 타당성 시험을 할 거라고 설명했다. 2021년 2월 재닛 옐런 미 재무장관은 디지털 달러는 더 빠르고 안전하고 저렴한 결제수단이 될 수 있을 거라고 했고, 미 연방준비제도를 이끄는 제롬 파월 의장은 디지털 달러의 최종 모델이 2년 내에 공개될 수 있을 것으로 전망했다. 미국의 연방준비은행은 매사추세츠 공과대학MIT과 협업해 디지털 달러를 연구 중이다.

정부 주도의 디지털 화폐 개발에서는 중국이 제일 앞서고 있다. 중국은 법적 지불수단 자체를 '디지털 화폐'로 전환하는 정책을 추진하고 있다. 중국 정부는 디지털 위안화 발행으로 국민의 경제생활과 자국 내 돈의 흐름을 손바닥 보듯 훤히 파악할 수 있기를 기대하고 있다. 또한 국내 거래뿐 아니라 국외 사용도 추진하면서 미국 달러가 중심이었던 세계 금융 시스템을 디지털 위안화 중심으로 바꾸려 하고 있다.

당초 각국의 중앙은행은 CBDC 발행에 소극적이었다. 그러나 2019년 페이스북이 암호화폐 '디엠(리브라)'을 발표하면서 각국 중앙은행의 태도가 변했다. 디엠은 기존 암호화폐와 다르게 기존 화폐와 일정 비율로 교환하는 '스테이블 코인'으로 20억 명의 페이스북 사용자가 디엠 코인을 실생활에서 사용할 경우 중앙은행의 고유 권한인 화폐 발행이 위협받게 된다.

각국 중앙은행의 CBDC 발행 추진과 페이스북, 구글 등 글로벌 기업들의 암호화폐 발행 추진으로 디지털 화폐 시장을 선점하기 위한 화폐 전쟁은 국가 간 경쟁에서 국가들과 글로벌 기업들의 경쟁으로 한층 더 치열해질 전망이다.

05. 아인슈타인도 상상 못한 양자 컴퓨팅

검은 상자 안에 고양이가 한 마리 있다. 이 상자 안에는 방사능 입자가 있고 방사능 입자가 방출될 확률은 50%이다. 방사능 입자가 방출되면 연결된 유리관이 깨져 독가스가 나오게 되어 있다. 이 경우 과연 고양이는 살아 있을까, 죽었을까? 상자를 열어서 고양이를 볼 때까지 고양이는 살아 있을 수도 있고 죽었을 수도 있다. 양자역학의 불확정성을 설명하는 유명한 '슈뢰딩거의 고양이' 이야기다.

실리콘밸리에서는 '양자 컴퓨팅Quantum Computing(퀀텀 컴퓨팅)' 기술에 투자를 아끼지 않고 있다. 구글과 NASA는 오래전부터 D-웨이브D-wave 사의 양자 컴퓨터를 도입한 연구소를 운영해 관련 기술을 개발하고 있으며, 인텔은 네덜란드 델프트 공대 및 연구기관들과 함께 10년 동안 양자 컴퓨팅 분야를 연구한다고 발표했다. IBM도 수퍼 컴퓨터 연구를 발전시켜 양자 컴퓨팅 연구에 엄청난 투자를 하고 있다. 구글은 양자 컴퓨터를 활용한 인공지능 검색엔진을 연구 중이다. 양자 컴퓨터는 양자역학 원리를 이용해 대용량의 데이타를 병렬적으로 처리하는 것으로, 지금의 컴퓨터보다 수천 배 이상 처리 속도가 향상될 수 있다.

뉴턴 물리학의 주요 패러다임은 물질은 최소 단위인 원자로 구성되어 있으며, 인간의 의식은 두뇌에서 일어나는 화학 작용의 산물이고, 존재하는 모든 것은 서로 분리되어 있어 독립적인 두 개체는 어떤 신호를 통해서만 정보를 전달할 수 있다고 생각하는 것이다. 또한 우주는 정확한 역학 원리에 따라 움직이는 거대한 기계로 생각되었다.

뉴턴 물리학의 패러다임은 지난 300년간 이어져오면서 대부분의 일상생활에 잘 들어맞는 적합한 모델이었으며, 과학기술이 진보하는 데 결정적인 기여를 했다. 지구상에 존재하는 모든 물질의 운동과 우주 행성의 운동 법칙을 설명하는 데 유용하게 사용되었으며, 인간을 우주에 보내는 일에도 뉴턴 물리학이 활용되었다.

그러나 20세기에 들어서면서 빛과 소립자를 연구하는 과정에서 뉴턴 물리학으로 설명할 수 없는 새로운 실재reality가 존재한다는 사실이 발견되었다. 1900년 초 막스 플랑크와 아인슈타인은 빛이 파동과 입자의 성격을 동시에 가지고 있다고 발표했으며 이것이 양자물리학의 시작이었다.

현대 물리학의 두 축인 상대성 이론과 양자역학은 모두 아인슈타인으로부터 시작되었다. 아인슈타인은 광전효과 이론을 통해 양자역학의 토대를 마련했지만 양자역학을 매우 싫어했고 죽을 때까지 이를 의심했다고 한다. '양자'란 마이크로 세계의 최소 단위를 의미한다. 마이크로 세계에는 고전적인 물리법칙이 적용되지 않는다. 마이크로 입자의 움직임은 제멋대로이고 물리법칙을 통해 그 움직임을 예측할 수 없을

뿐 아니라 정확하게 측정하기도 어렵다. 하이젠베르크의 불확정성 원리에 의하면 입자의 위치와 운동량을 동시에 측정하는 것은 근본적으로 불가능하다.

아인슈타인은 왜 양자역학을 불신했을까? 그것은 양자역학이 가지고 있는 우연과 불일치성, 확률의 개념 때문이다. 양자역학의 세계에는 결정론과 인과율이 적용되지 않는다. 아인슈타인은 양자역학을 불신하면서 "신은 주사위 놀이를 하지 않는다"는 유명한 말을 했다. 물리학자 리처드 파인만은 "양자역학을 이해한 사람은 아무도 없다"고 했으며, 닐스 보어Niels Bohr는 "양자역학을 처음 접하고 충격을 받지 않은 사람은 양자역학을 이해하지 못한 것"이라고 했다.

양자이론의 가장 큰 특징은 '얽힘entanglement 현상'이다. 두 실체는 늘 상호작용을 하면서 서로 얽혀 있다는 것이다. 두 실체가 광자나 원자이든, 아니면 먼지, 물체 또는 사람처럼 원자로 이루어진 큰 물체이든 얽힘 현상은 존재한다. 이 실체들이 그 밖의 다른 어떤 것과 상호작용을 하지 않는 한 아무리 멀리 떨어져 있어도 얽힘 현상은 발생한다.

입자의 운동은 얽힘 현상의 지배를 받는다. 입자들이 상호작용을 할 때 얽힘 현상이 시작되어 얽히게 되면 입자들은 더 이상 고립된 존재가 아니다. 서로 아무리 멀리 떨어져 있더라도 한 입자가 다른 입자를 잡아당기거나 측정하거나 관찰하면, 마치 온 세상이 둘 사이를 이어주기라도 한 듯 다른 입자들도 즉시 반응하는 것처럼 보이는 것이다.

양자 컴퓨팅은 1982년 물리학자 리처드 파인만Richard Feynman에 의해 처음 제안되었다. 양자 컴퓨터는 양자역학의 얽힘이나 중첩superposition

현상을 활용한다. 기존 컴퓨터에서 정보의 기본단위인 비트의 상태는 0 아니면 1이다. 그러나 양자비트quantum beat 또는 큐비트qubit라 불리는 양자 컴퓨터의 정보 단위는 0과 1 두 상태를 동시에 가질 수 있다(사실 둘이 아니라 수십, 수백의 상태도 동시에 가질 수 있다).

중첩현상을 이용하기 때문이다. 따라서 2개의 큐비트는 4개의 상태(00, 01, 10, 11)를 동시에 가질 수 있다. 이것은 양자역학의 얽힘 현상을 이용한 것이다. 3개의 큐비트가 얽힐 때는 8개, 4개의 큐비트는 16개의 상태를 동시에 가질 수 있다. 이처럼 양자 컴퓨터는 동시에 여러 상태에 있을 수 있고 동시에 모든 상태에 작용할 수 있기 때문에 기존 컴퓨터와는 달리 동시에 수많은 계산을 수행할 수 있는 것이다.

양자 컴퓨터에는 기존의 0과 1을 번갈아 선택하는 이진법 기반의 컴퓨팅 방식이 아닌, 여러 컴퓨터에서 0과 1이 동시에 반응해 연산하게 하는 새로운 컴퓨팅 장치가 필요하다. 컴퓨팅의 속도가 비트가 아니라 큐비트로 측정되는 새로운 시대가 도래한 것이다. 양자역학의 원리를 응용한 암호방식인 양자암호Quantum Cryptography 기술도 활발히 연구되고 있다.

양자암호는 하이젠베르크의 불확정성 원리를 응용한 암호화 방식이다. 양자의 중첩상태를 이용해 0과 1의 양쪽 값을 동시에 취하는 성질을 암호화에 이용한 기술이다. 또한 거리가 먼 두 곳 사이에 양자 얽힘을 전송하는 과정에서 '결 어긋남decoherence' 현상이 발생하는데, 이때 양자 얽힘이 소실되지 않도록 보호하는 기술도 연구가 활발하다.

마이크로칩에 저장할 수 있는 데이터의 양이 18개월마다 2배씩 증가한다는 무어의 법칙이 물리적 한계에 도달한 현시점에서, 양자 컴퓨팅은 이를 극복할 수 있는 유일한 대안이다. 양자 컴퓨터는 종전의 컴퓨터보다 처리량과 속도 측면에서는 기대 이상으로 뛰어나다. 양자 컴퓨터가 실용화되면 지금의 슈퍼 컴퓨터가 100년에 걸쳐 계산해야 할 것을 몇 분만에 끝낼 수 있다.

따라서 전 세계 기업들과 학자들은 이런 양자 컴퓨팅이 열어줄 미래세상에 관심을 집중하고 기술개발에도 적극적으로 투자를 하고 있는 상황이다. 고속으로 방대한 데이터를 처리하는 양자 컴퓨터를 활용하면 빅데이터, 기상이변, 우주현상, 생체정보, DNA 등 지금까지 해결하지 못한 수많은 문제들을 빠르게 처리, 분석할 수 있다. 튜링머신으로 출발한 지금의 컴퓨터가 인류에게 선사한 변화와 발전은 실로 어마어마하다. 아마도 양자 컴퓨터는 지금의 컴퓨터가 가져다준 변화 이상의 변화를 인류에게 가져다줄 것이다.

06. 영국의 아름다운 선택

　　한 천재 수학자가 복잡하게 얽힌 기계장치 앞에서 암호를 해독하기 위해 고심하고 있다. 영화 〈이미테이션 게임〉에 나오는 장면이다. 〈이미테이션 게임〉은 24시간마다 바뀌는 독일의 암호를 풀고 1,400만 명을 목숨을 구한 앨런 튜링Alan Mathison Turing의 인생을 다룬 영화다. 영국의 배우 베네딕트 컴버배치가 고집스럽고 소통능력이 부족한 천재 암호학자의 삶을 열연했다. 앨런 튜링은 2차 세계대전을 종식하고 인류를 구한 영웅이자 컴퓨터를 창시해 오늘날 인류가 많은 것을 이룩하게 한 천재 수학자다. 그러나 그의 삶은 순탄치 않았다.

　　2019년 영국 중앙은행은 2020년에 발행할 새로운 50파운드짜리 지폐에 들어갈 인물로 앨런 튜링을 선정했다고 밝혔다. 50파운드짜리 지폐는 영국 지폐 중 최고액권으로, 지폐에 도안으로 들어갈 인물 후보로는 빅뱅 이론을 만든 물리학자 스티븐 호킹, 핵물리학의 아버지 어니스트 러더퍼드 등이 올랐다. 영국 중앙은행의 마크 카니 총재는 "튜링은 위대한 수학자이자 컴퓨터와 인공지능의 아버지로 오늘날 우리의 삶에 큰 영향을 미쳤으며 선구자적 기여를 했다"고 선정 이유를 밝혔다.

앨런 튜링은 2차 세계대전 당시 독일군의 암호를 해독한 것으로 유명하다. 그가 만든 알고리즘 계산 개념인 '튜링 머신'은 컴퓨터의 시초가 되었다. 인공지능을 판별하는 '튜링 테스트'는 오늘날에도 컴퓨터가 지능을 가지고 있는가를 시험하는 데 사용되고 있다. 튜링의 109번째 생일을 맞아 발행된 이번 50파운드짜리 새 지폐에는 그의 초상 및 서명과 함께 그가 만든 암호 해독기 '봄브Bombe'의 도면과 튜링 머신 관련 논문에 나온 그래픽이 삽입되었다.

과학자의 얼굴이 지폐에 들어간 것이 앨런 튜닝이 처음은 아니다. 덴마크의 500크로네짜리 지폐에는 현대 물리학의 아버지 닐스 보어의 모습이 새겨져 있다. 알베르트 아인슈타인은 이스라엘의 5리라짜리 지폐에 실렸다. 우리나라는 1만 원권 지폐에 세종대왕의 모습을 새겼다. 앨런 튜링이 새 50파운드짜리 지폐의 인물로 선정된 것은 영국은 물론 인류 전체에 큰 의미를 지닌다.

2차 세계대전 당시 독일의 암호장치 에니그마Enigma는 연합군에게 큰 숙제였다. 에니그마는 자판에 글자를 치면 장치 안의 회전틀과 배선의 조합을 통해 다른 글자를 출력하는 암호장치다. 에니그마를 통해 만들 수 있는 암호 조합은 2,200만 개였고 이후 업그레이드되면서 159억 개에 이르렀다. 100명이 참여해 수작업으로 확인할 경우 족히 200만 년이 걸리는, 해독 불가능한 암호체계다.

독일군은 이 에니그마로 만든 암호문을 효율적으로 이용해 전쟁을 승리로 이끌고 있었다. 이에 영국군은 에니그마 암호를 풀기 위해 1939년

블레츨리 파크에 앨런 튜링이 이끄는 암호해독반을 만들었다. 암호해독반의 규모는 1만여 명까지 늘었고 새벽 6시부터 자정까지 독일군의 암호문을 입수해 해독하는 작업을 했다. 에니그마는 한 타자당 한 글자만 변환되어 나와서 암호문의 길이가 원본 글자수와 정확히 일치했다. 이는 에니그마를 해독하는 단서가 되었다. 같은 시각 같은 내용으로 전송되는 날씨 정보, 히틀러의 이름 등은 에니그마의 설정 변경을 해독하는 결정적 단서가 되었다.

튜링은 에니그마의 작동 방식과 몇 가지 단서 등을 활용해 암호해독 기계를 개발했다. 암호해독 기계를 통해 암호문 해독 시간을 1시간으로 줄였다. 영국군은 그들이 암호문을 해독하고 있다는 사실을 독일군이 눈치채지 못하도록 선별적으로 공격 및 방어에 활용했다. 1943년 영국군은 대서양 전쟁의 승기를 잡으며 전세를 역전시켰다.

전쟁이 끝난 후 앨런 튜링은 프린스턴 대학교 교수로 돌아가 연산기계 연구에 매진했다. 그는 복잡한 연산도 단위별로 잘게 쪼개면 단순 연산의 연속이 된다는 사실을 깨달았다. 이렇게 단순한 연산을 이어가도록 만든 장치가 바로 튜링 머신이다. 튜링 머신은 오늘날 컴퓨터의 시초가 되었다.

튜링 머신이 실제 계획대로 작동할 경우 그것을 튜링 완전성이라고 하는데, 튜링 완전성은 복잡한 연산을 잘게 쪼개 문제를 풀 수 있다는 것을 의미한다. 프로그래밍 언어에 조건문이나 반복문을 허용하는 C/C++, JAVA 같은 하이레벨 언어는 튜링 완전성을 갖고 있다. 반면 블록체인의 스마트 콘트랙트를 지원하는 언어나 함수언어 같은 경우는 튜링 불완전성을 가진 언어다. 스마트 콘트랙트 같은 곳에 반복문을 사용할 경우 무한루프에 빠질 수 있기 때문이다.

AI 분야에서 사람이 컴퓨터와 대화하게 한 후 대화 상대가 컴퓨터임을 눈치채는 경우가 70%가 안 되면 이 컴퓨터는 지능을 가졌다고 판단하는 테스트가 있다. 바로 앨런 튜링이 만든 튜링 테스트다. 앨런 튜링은 인공지능의 기초도 만든 인물이다. 그는 1940년대에 '사람처럼 생각하는 컴퓨터'에 대한 연구를 했고 그가 1950년에 발표한 논문 '컴퓨팅 기기와 지능Computing Machine and Intelligence'에는 인공지능의 기본 개념이 담겨 있다.

그는 이 논문에서 "50년 뒤에는 보통 사람들로 구성된 질문자들이 5분 동안 컴퓨터와 대화를 한 뒤 그 정체를 알아낼 수 있는 확률이 70%를 넘지 않도록 프로그래밍하는 것이 가능할 것이다"라고 말해 놀랍게도 미래의 기술 발전을 예측했다.

인류 전체에 유익을 가져다준 크나큰 업적을 남겼지만, 정작 그의 인생은 불행했다. 영국 정부는 튜링이 이끈 에니그마 암호해독반을 오랫동안 비밀에 부쳤다. 2013년 엘리자베스 여왕이 튜링을 사면하기 전까지는 아무도 그가 큰 업적을 세운 전쟁영웅임을 알지 못했다.

튜링은 동성애자였다. 동성애 행각으로 영국 맨체스터 경찰에 체포되었고, 감옥에 가는 대신 화학적 거세형을 선택해 치료를 받았다. 그는 1954년 6월 7일 41세의 나이에 독을 넣은 매킨토시 종의 사과를 한입 먹고 비운의 생을 마감했다. 그가 남긴 유서에는 "세상은 내가 여자가 되기를 바라므로, 나는 가장 여성스러운 방법으로 숨을 거둔다"라고 적혀 있었다. 애플 사의 한입 베어먹은 사과 로고는 바로 앨런 튜링을 기린 것이다.

영국은 천재 수학자의 업적을 잊지 않았고, 그를 영국 지폐 중 최고액권인 50파운드짜리 지폐의 인물로 선정했다. 오늘날 우리는 컴퓨터가 이끄는 AI 시대와 4차 산업혁명 시대에 살고 있다. 이 천재 수학자의 노력이 없었다면, 우리는 지금 아주 다른 세상에 살고 있을 것이다. 앨런 매시선 튜링, 그가 인류에 남긴 업적은 정말 위대하고 크다고 할 수 있겠다.

에필로그

"너를 사랑한 것이 내겐 가장 아름다운 순간이었어." 대학 캠퍼스에서 피아노 연주 소리에 이끌려 우연히 만난 두 사람은 다음날 다시 만나자마자 첫 키스를 하면서 사랑하는 연인이 된다. 현실세계에서 운명처럼 서로 한눈에 반해 10년 동안 아름다운 사랑을 나누었던 라파엘과 올리비아는 평행세계에서는 사랑한 적도, 만난 적도 없는 완전한 남이 된다. 라파엘은 현실세계에서 베스트셀러 작가였지만, 잠에서 깨어나니 평범한 문학 교사가 되어 있었다. 반면 피아니스트였지만 평범한 삶을 살았던 올리비아는 세계적인 피아니스트가 되어 있다. 올리비아는 심지어 라파엘의 존재조차 모른다. 위고 젤랭 감독의 〈러브 앳Love at〉은 배우 조제핀 자피, 뱅자맹 라베른이 함께 출연한 영화로, 현실세계와 평행세계를 오가며 깊은 로맨스 감성을 선사한다.

영화와 드라마의 단골 소재로 쓰이는 평행세계는 평행우주平行宇宙, Parallel Universe 개념을 기반으로, 같은 모습을 가지고 같은 시간에 공존하는 다른 세계를 뜻한다. 하나의 세계에서 분기해 병행해서 존재하는 다른 세계를 의미하며, 자신이 살고 있는 세계가 아닌, 평행선상에 위치한 다른 세계다. 초세계는 평행세계와 많이 닮았다. 두 세계 모두 현실세계와 동일하지만 처한 환경은 다르다. 평행세계는 주인공이 환경과 역할을 선택할 수 없는 세계다. 어느 순간 환경과 역할의 변화에 따라 다른 세계가 만들어진다.

2020년 방영된 드라마 〈더킹: 영원의 군주〉에서 2019년 대한제국의 황제 이곤(이민호)은 정태을(김고은)을 만나러 평행세계인 2019년의 대한민국에 온다. 등장인물들은 두 세계에서 각기 다른 삶을 살아가고 있다. 반면 초세계는 우리가 원하는 역할과 환경을 선택할 수 있는 세계다. 가고 싶은 곳, 보고 싶은 것, 살고 싶은 곳, 입고 싶은 옷, 타고 싶은 차, 만나고 싶은 사람, 하고 싶은 일, 해보고 싶은 역할 등 우리가 원하는 것을 최대한 만족시켜주는 곳이 초세계다. 그러나 초세계가 점차로 발전할 경우, 우리는 그곳에서 현실세계와 똑같은 일상을 살아가야 할지도 모른다. 그때쯤이면 초세계도 또 하나의 현실세계가 될 것이다.

2021년은 최초의 로봇 영화 〈기계인간The Mechanical Man〉이 나온 지 100년 된 해다. 1921년에 제작된 이탈리아 영화 〈기계인간〉은 흑백 무성 영화지만 로봇이 등장한 최초의 영화다. 과학자가 평화로운 목적을 위해 만든 로봇은 큰 몸집과 초인적인 힘을 가졌다. 이 영화는 마피아 갱단에 의해 로봇이 악한 곳에 사용되지만 결국 갱단을 물리치고 평화를 찾는다는 내용이다.

인간의 상상력은 미래를 만들어가기에 이미 충분하다. 100년 전에 그럴듯한 로봇을 상상했으니, 지금은 무엇을 상상하지 못하겠는가? 상상은 공상에서 그치지 않고 결국 현실로 이루어진다. 과학기술이 발전함에 따라 그 간극을 좁히는 속도도 점차 빨라지고 있다. 인간이 꿈꾸는 영원한 노스텔지어! 무엇이든 될 수 있고 무엇이든 가능한 세상! 시간의 한계와 공간의 한계를 초월하는 세상! 인간의 본질적 행복을 추구하는 이상적인 세상! 관계와 집단을 벗어난 자유로운 세상! 마지막으로 모두가 평등한 세상! 초세계는 이미 우리에게 '단 하나의 세상'으로 다가오고 있다.